电子商务背景下市场营销研究

史新艳 ◎ 著

北京工业大学出版社

图书在版编目（CIP）数据

电子商务背景下市场营销研究/史新艳著 . — 北京：北京工业大学出版社，2018.12（2021.5 重印）
ISBN 978-7-5639-6508-3

Ⅰ.①电⋯ Ⅱ.①史⋯ Ⅲ.①电子商务—网络营销—教材 Ⅳ.① F713.365.2

中国版本图书馆 CIP 数据核字 (2019) 第 021907 号

电子商务背景下市场营销研究

著　　者：	史新艳
责任编辑：	申路好
封面设计：	晟　熙
出版发行：	北京工业大学出版社
	（北京市朝阳区平乐园 100 号　邮编：100124）
	010-67391722（传真）　bgdcbs@sina.com
经销单位：	全国各地新华书店
承印单位：	三河市明华印务有限公司
开　　本：	787 毫米 ×1092 毫米　1/16
印　　张：	9
字　　数：	200 千字
版　　次：	2018 年 12 月第 1 版
印　　次：	2021 年 5 月第 2 次印刷
标准书号：	ISBN 978-7-5639-6508-3
定　　价：	48.00 元

版权所有　翻印必究

（如发现印装质量问题，请寄本社发行部调换 010-67391106）

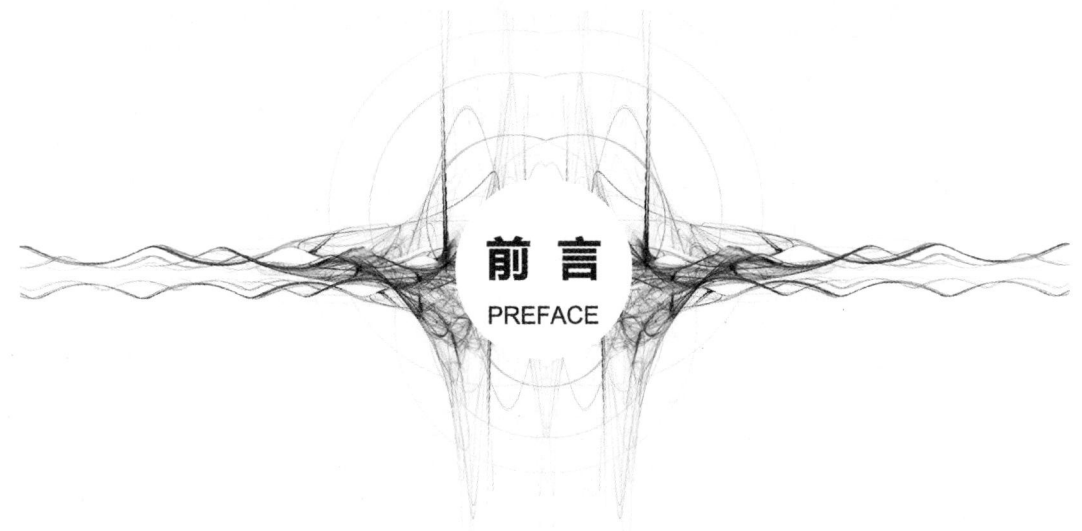

20世纪90年代,世界互联网进入快速发展阶段,互联网的快速发展标志着信息社会的到来,电子信息和网络成为世界经济发展的强劲动力,电子商务便是借助互联网发展起来的一种现代商务模式。电子商务是人类经济、科技、文化发展的必然产物,电子商务不受时间和空间限制,在很大程度上改变了传统营销的形态和业态。

电子商务对企业来讲,提高了工作效率,降低了成本,扩大了市场,给企业带来社会效益和经济效益。相对于传统营销,电子商务具有国际化、信息化和无纸化的特点,已经成为各国营销发展的趋势。电子商务是利用互联网进行商务活动的商品交易方式。电子商务的内涵包括:其前提条件是电子信息技术,其核心是具备电子商务知识能力的人才,其中枢是电子商务网站,其对象是以商品贸易为中心的各种经济活动。电子商务与传统商务相比,它会给消费者带来满足,给处于供应链条中的众多中小企业带来商机,同时也会出现风险,加以权衡,仍是利大于弊的,这就是电子商务产生、发展的不竭动力和必然趋势。

作者在此基础上,对电子商务背景下的市场营销管理、模式、渠道等进行了探讨,同时也介绍了电子商务对企业市场营销的影响以及其在传统企业运营中的应用,并对电子商务背景下企业营销模式创新进行了一定的研究。

由于作者水平有限,加之时间仓促,书中难免存在不足,敬请广大读者批评指正。

第一章　电子商务对企业市场营销的影响 ………………………………………… 1

第一节　电子商务概述 …………………………………………………………… 1

第二节　国内外电子商务研究现状 ……………………………………………… 7

第三节　电子商务对传统企业营销的影响 ……………………………………… 8

第四节　电子商务背景下企业营销的对策 ……………………………………… 14

第二章　电子商务在传统企业运营中的应用 …………………………………… 21

第一节　电子商务在供应链管理中的应用 ……………………………………… 21

第二节　电子商务在传统企业营销中的应用 …………………………………… 26

第三节　电子商务在客户关系管理中的应用 …………………………………… 31

第三章　电子商务背景下企业的营销管理 ……………………………………… 35

第一节　电子商务环境下的企业营销管理的概述 ……………………………… 35

第二节　电子商务环境下企业营销战略 ………………………………………… 41

第三节　电子商务环境下企业营销策略管理 …………………………………… 46

第四节　电子商务环境下企业营销保障对策 …………………………………… 60

第四章　电子商务背景下企业的营销渠道 ……………………………………… 65

第一节　电子商务推动企业营销渠道变革 ……………………………………… 65

第二节　电子商务背景下企业营销渠道选择 …………………………………… 70

  第三节 电子商务背景下企业营销渠道整合 …………………………………… 77

  第四节 电子商务背景下企业营销渠道的发展趋势 …………………………… 87

第五章 电子商务背景下企业的营销模式 ………………………………………………… 91

  第一节 营销模式概述 ……………………………………………………………… 91

  第二节 电子商务营销模式与传统营销模式现状分析 ………………………… 92

  第三节 电子商务背景下企业营销模式的确定及管理 ………………………… 96

第六章 电子商务背景下企业精准营销模式的创新研究 ……………………………… 99

  第一节 精准营销研究概述 ……………………………………………………… 99

  第二节 基于电子商务发展态势的精准营销研究初探 ……………………… 103

  第三节 电子商务领域精准营销应用策略及其研究的建议 ………………… 106

第七章 电子商务背景下企业云营销模式的创新研究 ……………………………… 112

  第一节 云营销相关理论研究现状综述 ……………………………………… 112

  第二节 电子商务企业实施云营销的基础 ………………………………… 117

  第三节 电子商务企业实施云营销的分析 ………………………………… 121

  第四节 基于云计算的电子商务营销 …………………………………………… 126

参考文献 ……………………………………………………………………………………… 134

第一章 电子商务对企业市场营销的影响

第一节 电子商务概述

电子商务对整个人类来说都是一个新生事物,生产力发展的客观要求和IT业技术发展既是它的产生原因,又是它的发展驱动。迄今为止,电子商务的发展经历了基于传统电子数据交换(EDI)的电子商务、以互联网(Internet)上的电子数据交换为核心的电子商务和现在的E概念电子商务三个阶段,并且还在火速向前发展。

一、电子商务的产生及发展

电子商务的产生是计算机技术和互联网技术高速发展以及商务应用需求驱动的必然结果。其产生有着深刻的技术背景和商业背景:电子数据交换、互联网、Web和Java等信息技术的不断发展,为电子商务的产生和发展奠定了坚实的技术基础,并且推动着电子商务应用的发展;同时,在任何商业活动中,买卖双方所交换的是他们的需求,整个商业活动的发生都必然包含物资流、资金流和信息流,在如今物流、银行发展的条件下,信息流开始表现出来,并且起到了十分重要的作用,为了适应日益增多的信息流管理以及为规避商业中的风险,商业活动中引入电子手段,从而导致新的经济模式的产生。因此,不断发展的商业活动呼唤着一个新的经济模式——电子商务的产生。

1. 电子商务的产生

电子商务的产生是商务应用需求驱动的必然结果,也是信息社会发展到一定阶段的产物。一般认为,电子商务发展经历如下三个阶段。

(1)第一阶段

第一阶段是20世纪70年代基于传统电子数据交换的电子商务阶段。在"无纸化"的贸易需求的推动下,为了克服传统的人工处理单证和文件的困难,贸易商们开始在商务活动中尝试运用计算机来处理商务活动中所涉及的文件和单据。随着应用的发展,人们发现由人工输入到一台计算机的数据中有来源于另一台计算机输出的文件,为了提高数据的准确性和工作效率,人们开始尝试在贸易伙伴之间的计算机上使用数据能够自动交换,电子数据交换应运而生。

电子数据交换是将业务文件按一个公认的标准从一台计算机传输到另一台计算机上的电子传输方法,由于电子数据交换大大减少了纸张票据,因此,人们也形象地称之为"无纸贸易"或"无纸交易"。从技术上讲，电子数据交换包括硬件和软件两大部分，硬件主要是计算机网络，软件包括计算机软件和电子数据交换标准，其中，硬件当时不通过互联网，而是考虑安全，通过专用网络实现；软件中电子数据交换标准也因不同行业有不同标准，需要发送电子数据交换文件时，从企业专有数据库中提取的信息，必须翻译成电子数据交换的标准格式才能进行传输。电子数据交换是电子商务的初级阶段。

（2）第二阶段

第二阶段是20世纪90年代以互联网上的电子数据交换为核心的电子商务阶段。电子数据交换的运用，使得单证和文件处理的劳动强度、出错率和费用都大幅度降低，效率大为提高，极大地推动了国际贸易的发展，显示了巨大的优势和强大的生命力。可是，由于传统的电子数据交换通信系统的建立需要较大的投资，使用专用网络，费用极高，仅限大型企业使用，因此限制了基于电子数据交换的电子商务应用范围的扩大。

20世纪90年代中后期，互联网迅速普及，逐步从大学、科研机构走向企业和寻常百姓家庭，成为大众化的信息传播工具。这极大地克服了传统的电子数据交换使用专用网络的不足，满足了中小企业对于电子数据交换的需求。互联网作为一个费用更低、覆盖面最广、服务更好的系统，已替代专用网络而成为电子数据交换的硬件载体。

在互联网基础上建立的电子信息交换系统，既成本低廉又能实现信息共享，为在所有企业中普及商务活动的电子化——电子商务提供了可能。基于互联网的电子数据交换具备电子数据交换和互联网的共同优势，因此，有人把通过互联网的电子数据交换直接称为互联网电子数据交换（Internet EDI）。

（3）第三阶段

第三阶段是现在的E概念电子商务阶段。自2000年初以来，人们对电子商务的认识逐渐由电子商务扩展到E概念的高度，人们认识到电子商务实际上就是电子信息技术同商务应用的结合，而电子信息技术不但可以和商务活动结合，还可以和企业、医疗、教育、卫生、军事、政府等有关的应用领域结合，从而形成有关领域的E概念。随着电子信息技术的发展和社会需求的不断提出，人们会不断地为电子信息技术找到新的应用，必将产生越来越多的E概念，进而不断丰富电子商务应用内涵和扩大电子商务应用外延。

2. 电子商务的发展

我国电子商务活动开展时间并不长，但是发展态势很棒，从20世纪90年代开始，相继实施了"金桥""金卡""金关""金税"和"金企"等一系列"金关工程"。电子商务的实践大力地促进了电子商务相关理论和应用的发展。

（1）电子商务的理论发展

电子商务的产生将挑战人类到目前为止所形成的知识体系、法律系统、价值体系、社会组织系统。比如在传统经济条件下的经济学，对于资源、商品、价值、价格、社会必要劳动时间、商品交换的规律等指导经济活动，都有一套成熟的理论和计算方法。可是，这些理论在网络经济环境下将不再适用，传统的经济学理论将无法用来揭示电子商务条件下的经济法律，取而代之的将是电子商务条件下的新的经济学。因此，随着电子商务技术的发展，将会出现许多基于电子商务体系的新的知识体系、法律体系、价值体系和社会组织系统理论。

第一章 电子商务对企业市场营销的影响

（2）电子商务的应用发展

电子商务的应用无论在国内还是在国外都是刚刚开始，即使开展最早的美国，也只有近十年的历史。这么短的时间内，电子商务的应用远没有被发掘出来。电子商务由于其经济效益显著，其前景必然广阔。它可以使企业增加经济效益，提高竞争力，甚至还可以使默默无名的小企业名扬天下。总之，可以使企业的 TOC（Total Ownership Cost）大大降低。因此，电子商务速度惊人，增长迅猛。

（3）电子商务的未来

当今，受限于技术创新和应用水平，企业发展电子商务还是处于起步阶段。随着这两方面的提高及其他相关技术的发展，电子商务将向纵深挺进，新一代的电子商务浮出水面，取代目前简单地依托"网站＋电子邮件"的方式。电子商务企业将从网上商店和门户的初级形态，过渡到将企业的核心业务流程、客户关系管理等都延伸到互联网上，使产品和服务更贴近用户需求。互动、实时成为企业信息交流的共同特点，网络成为供应链管理、市场营销及客户关系管理的中枢神经。企业将建立、形成新的价值链，把新老上下游利益相关者联合起来，形成更高效的战略联盟，共同谋求更大的利益。从应用的发展来看，行业电子商务将成为下一代电子商务发展的主流，同时，对传统企业来说，需要电子商务应用服务商协助传统业务电子商务化，自身只需要专注做好自己的产品和服务。

为了研究电子商务在我国传统企业运营中（供应链管理、网络营销和客户关系管理）的应用，需要从分析电子商务的相关模式开始，选择合适自身条件的电子商务模式，并不断地加以推进和完善，使电子商务成为开拓市场、增加利润的创新力量。

二、电子商务相关模式

随着电子商务的发展，也不断地出现更多、更新的电子商务模式。互联网的出现改变了传统的商业模式，从而形成各种各样的电子商务模式。

1. 定义

所谓电子商务模式，就是电子商务活动中的各个主体，按照一定的交互关系和交互内容所形成的相对固定的商务活动样式。

（1）主体

经济活动的主体都是企业、个人（家庭）和政府。因此，电子商务活动中的各个主体即企业（Business，B）、消费者（Consumer，C）和政府（Government，G）。

（2）交互关系

电子商务活动的各个主体——企业、消费者和政府之间的关系。根据经济活动过程中信息流、物流等流向，按照其交互关系的不同，理论上可以有如下九种交互关系，如下表1-1。

表1-1 电子商务活动中的各个主体的交互关系

—	企业（B）	消费者（C）	政府（G）
企业（B）	B to B	B to C	B to g
消费者（C）	C to B	C to C	C to G
政府（G）	G to B	G to C	G to G

（3）交互内容

电子商务活动的各个主体关系总是伴随着一定的内容，这个内容从具体上来说，可以将交互内容划分为3个方面：商务信息、商品交易、服务交易。

将电子商务活动中的各个主体与交互关系和交互内容结合起来考虑，即将3×3=9种交易关系，再分别赋予3种不同的交互内容，这样从理论上可以有3×3×3=27种电子商务模式。

2. 分类

电子商务模式是传统商务模式的网络化、电子化、虚拟化，是网络时代一种新型商务模式。商务模式是企业业务运作方式、经营方式、盈利方式的统称。

关于电子商务模式的分类，国内外专家有许多研究，保罗·提姆斯（Paul Timmers）把流行的电子商务发展模式归纳为下列11种：

网上商店、网上采购、网上商城、网上拍卖、虚拟社区、协作平台、第三方时常、信息中介、信用服务、价值链整合和价值链服务供应商。

互联网的出现改变了传统的商业模式，麦肯锡咨询公司认为存在三种新兴电子商务发展模式：

①销售方控制的商务模式（多卖主的网站）；

②购买方控制的商务模式（政府采购网）；

③第三方控制的商务模式（第三方交易平台）。

如同传统商务模式那样，存在多种多样企业电子商务模式，要根据企业发展战略、企业核心业务发展、产业链与价值链及市场竞争等多方面情况分析，通过业务、管理创新，确定企业电子商务模式，还需要根据实践效果及市场变化适时进行调整。

根据目前国内企业之间、企业与个人之间两种电子商务应用及提供产品及服务两大类商务活动，电子商务模式还是可以分为四大类：

①企业与消费者通过网络实施的商品经营活动；

②企业与消费者通过网络实施的服务经营活动；

③企业与企业通过网络实施的商品经营活动；

④企业与企业通过网络实施的服务经营活动。

从上述概念中可以看出，电子商务有许多类型，从其交易和服务对象不同的角度看，电子商务一般又可分为企业内部之间的电子商务、企业与企业之间的电子商务、企业与消费者之间的电子商务、企业与行政机构之间的电子商务、消费者与行政机构之间的电子商务五种类型。

（1）企业内部的电子商务

企业内部的电子商务指企业内部的经营管理过程，主要是对企业内部的各种资源进行有效合理的配置。企业内部的电子商务是在企业管理信息系统的基础上发展起来的，目前较有效也是最流行的手段是企业内联网（Intranet）。

内联网可以用来自动处理从采购、生产、销售、服务以及企业内部事务管理等所有的经营活动，处理各种与企业经营有关的业务信息，它强调的是企业内部的交流，当然这里的企业并没有空间距离上的限制。企业内联网可以提高企业的效益，使企业以更快的速度对市场作出反映，提高企业竞争力。企业内联网使得企业在各方面节约大量的经费，降低企业的经营成本，增加企业的经济效益。

（2）企业与企业之间的电子商务

企业与企业之间（Business-to-Business）是电子商务最为重要的内容。从电子商务的未来发展趋势看，企业间的电子商务依然将是电子商务的主流。企业间的商业合作是企业业务的主要方面。在激烈竞争的市场环境下，企业需要电子商务改善竞争条件，建立竞争优势。企业在寻求自身发展的同时，必须逐渐改善电子商务的运用环境。企业间的电子商务最为常见的是企业之间的贸易全部数字化和网络化。从贸易前、贸易中、贸易后三个阶段来看，电子商务比传统商务有无法比拟的优越性。

（3）企业与消费之间的电子商务

企业与消费之间（Business-to-Consumer）是人们比较熟悉，容易理解和接受的电子商务形式。这类电子商务主要借助于国际互联网所开展的在线销售活动。随着国际互联网的发展，这类电子商务的发展异军突起。开展企业对消费者的电子商务，障碍最少，应用潜力巨大。就目前发展看，这类电子商务仍将持续发展，是推动其他类型电子商务活动的主要动力之一。

（4）企业与行政机构之间的电子商务

企业与行政机构之间（Business-to-Administrations）的电子商务是指企业与政府机构之间进行的电子商务活动。这种方式电子商务的推进，除了企业上网之外，还需要"政府上网"。政府上网不同于企业上网，政府上网的主要作用是树立政府形象，起示范、促进作用，促使更多的企业、家庭上网。因此，在确保网络与信息安全的前提下，这类电子商务能够实现政府可公开信息资源共享和动态更新，提供政府网上便民服务应用项目，推动各行业上网进程。

（5）消费者与行政机构之间的电子商务

消费者与行政机构之间（Consumer-to-Administrations）的电子商务是政府对个人的电子商务活动。这类电子商务活动目前还没有真正形成。然而，在个别发达国家，如澳大利亚，政府的税务机构已经通过指定私营税务或财务会计事务所用电子方式来为个人报税。这类活动虽然还没有达到真正的报税电子化，但是，它已经具备了消费者对行政机构电子商务的雏形。

三、电子商务相关技术

电子商务系统应具有集成性、交互性、同步性和实时性等特征，终端应具备友好的人机交互环境。电子商务技术必将涉及很广的知识领域，与多媒体、无线通信、信息安全、数据库应用、电子商务平台架构等技术的发展密不可分。这里主要探讨电子商务系统建设工程中的关键技术组件。

1. 典型商务平台

电子商务是一种市场营销方式，逐渐以稳健的模式走向成熟。越来越多的企业积极地建设电子商务平台，向其客户提供全新的沟通渠道和高质量的服务。比如，在传统企业运营中，供应链管理、网络营销、客户关系管理等电子商务方式已经逐步大放异彩。电子商务平台是让网络应用的开发、部署、管理变得更加容易，涉及的技术包括 EJB、CORBA、DCOM、IIOP、XML 等。电子商务平台的主要功能：

①提供在服务器端的分布式应用的部署，包括对象生命周期管理、线程管理、状态管理、安全管理等；

②数据源连接访问管理、交易管理等；

③大规模并发网络用户管理、均衡负载、容错等；

④与现有系统的无缝连接。

电子商务应用服务器可以用一种灵活的方式来代表一个商业进程，把商业过程转化到一个包含若干个阶段的框架结构，每一个阶段代表对一个商业对象（如订货单）的分离的操作。在每一个阶段，一个或多个专门的组件对对象进行操作。电子商务应用服务器的另一个重要功能是可以与标准的交易中间件实现集成，这意味着整个平台可以作为一个单一的操作，这在一些必须维护进程的完整性的场合是非常重要的。

以交易中间件为基础框架的三层 B/S 模式的应用系统中，三层结构以中间件管理大量（有时是海量）的客户端并为其连接、集成多种异构的服务器平台，通过有效的组织和管理，在极为宽广的范围内将客户机与服务器进行高效组合。同时中间件开创的以负载平衡、动态伸缩等功能为代表的管理模式，已被广泛证实为建立关键业务应用系统的最佳环境，使在二层模式下不可能实现的应用成为可能，并为应用提供了充分的扩展余地。这种模式的成功应用已为许多国际大型企业在应用的开发和部署方面节省了大量的时间和资金。三层 B/S 模式的核心概念是利用交易中间件将应用的业务逻辑、表示逻辑和数据分为三个不同的处理层。

①表示逻辑（客户层）为第一层。它的主要功能是实现用户交互和数据表示，为以后的处理收集数据，向第二层的业务逻辑请求调用核心服务处理，并显示处理结果。这一层功能的实现以使用图形化的工具软件为主。

②业务逻辑（服务器组件）为中间层。这些组件由中间件管理，实现核心业务逻辑服务并将这些服务按名字广播，管理并接受客户的服务请求，向资源管理器提交数据操作，并将处理结果返回给请求者即客户或其他服务器。

③数据库（资源管理器）构成模型的第三层。比如关系数据库，负责管理应用系统的数据资源，完成数据操作。服务器组件在完成服务的过程中通过资源管理器存取它管理的数据，或者说请求资源管理器的数据服务。

2. 典型功能模块

大型电子商务系统最关键的是解决应用服务器及数据库服务器性能存在瓶颈的问题，大型电子商务系统的建设应坚持以下原则：

①充分保护现有投资的可扩展性原则，为了满足随业务发展不断变化的业务需求，系统在部署时应充分考虑今后的扩展性；

②模块标准化，传统企业电子商务应用将随着业务需求逐渐增加，因此必须提供标准的内部模块及子系统之间的接口，灵活实现系统功能模块的配置和扩展，便于系统功能的平滑升级；

③注重系统的规范性,包括系统实现中的相关技术性规范以及相应业务管理流程的规范化和科学性;

④电子商务系统的应用软件是本系统的关键,其设计应充分考虑功能可扩充性、可维护性,运行环境的可适应性,与外部相关系统的可连接性、实用性。

3. 典型网络结构

电子商务平台是一个 7×24 小时全天候营业的互联网营销平台,保证整个系统的安全、稳定、健壮是至关重要的。

一般大型电子商务系统都采用几对异构防火墙,组建两条在线互备网络链路,保证了系统网络安全、稳定、健壮。

整个网络系统大致分为两个功能区:DMZ 区和 Inside 区。在 DMZ 区主要放置 WE13、发布、短信、IDS 管理等应用服务器,主机一般采用高端 PC 服务器(Red Hat Linux),通过四层交换机(如 F5)对 WEB 等应用服务器进行负载均衡,能在线动态增加、减少服务器数量,增加整个系统的灵活性;在 Inside 区主要放置中间服务器、数据库服务器等敏感数据信息,主机一般采用高端小型机系统(如 IBMP5 系列、SUN V890 等)。

第二节　国内外电子商务研究现状

随着互联网的发展和对电子商务的实践,各国已经在电子商务大会上达成共识:信息时代的来临必将极大地冲击和改变世界的经济。在商业上,电子商务不但改变企业原有的管理模式和秩序,也极大地改变了企业原有的营销战略、营销模式和营销活动。

近年来,各国有关电子商务对企业营销的影响专著、文章陆续出版和发行,这些著作大都是对营销、信息科学、消费者行为与心理、财务、经济、管理信息系统(MIS)、会计与稽查、管理、商业法规与道德等方面进行深入浅出的研究,取得了大量丰硕的成果,并且就目前研究的情况来看,研究更趋于细化,着重解决企业在电子商务和信息化过程及国际化过程中出现的问题。

我国在研究电子商务对企业营销的影响过程中,紧追国际研究步伐,一些研究已经应用到电子商务过程中,取得了巨大的经济效益。笔者查阅了相关著作,比较有影响力的著作为王汝林的《中国电子商务发展状况研究报告》、黄晓涛的《电子商务导论》以及陈恭和、曹淑艳编著的《电子商务概论》等。但更多的著作是对电子商务基本理论或实务的研究,就目前电子商务的研究现状来看,分散的、应用性的研究较多,而系统的、理论性的研究较少;从网络技术、交易环境等角度进行研究的较多,而从市场营销模式的变革,尤其是从市场营销与电子商务发展二者之间互动关系角度进行研究的较少,没有全面系统地提出适合我国国情的电子商务环境下的市场营销模式。

第三节　电子商务对传统企业营销的影响

一、企业电子商务环境分析

1. 全球经济环境

在现代经济增长与经济发展过程中，技术进步起了关键性的作用。根据俄国经济学家康德拉季夫等人的研究，现代经济增长经历了一系列的长波周期，每一周期持续 50 年左右，其发端总是伴随着重大技术进步的出现和生产、分配、组织、制度等方面的创新活动的扩散。基于这一理论，20 世纪末和 21 世纪初将可能是第五个康德拉季夫周期的开始。实际上，信息技术、生物技术、材料技术、能源技术和空间技术已经开始有力地推动社会经济的发展，并且显示出极大的潜能。在现阶段，信息技术的影响最广泛，渗透力最强。各方面的研究结果表明，以信息技术为基础的商务新手段正在使企业经营环境出现深刻变革，由此对企业经营产生难以估量的影响。也就是说，基于电子商务的企业经营变革有可能成为又一个康德拉季夫的重要特征。

事实上，电子商务正在给全球贸易带来巨大的变革，目前全球电子商务交易额已经突破 10000 亿美元，并且未来全球贸易总额的 70% 以上通过电子商务完成也就不难理解，为什么 95% 以上的世界 500 强企业加入电子商务的行列中。电子商务具有全球化、方便快捷、成本低、效率高、选择性强等优点，因此，发展十分迅速。

各个发达国家政府对电子商务的发展都比较重视。日本于 1996 年投入 3.2 亿美元推行电子商务有关计划；新加坡成立了"新加坡一号"项目，目前有 31 家机构与政府签约开展电子商务活动，每年可得到 2~3 亿美元的经费支持以研究和发展各种应用；1997 年 7 月，美国提出了《全球电子商务框架》。在美国总统的倡议下，世界贸易组织决定使互联网成为自由贸易区，期限至少为一年。

据中国互联网实验室数据统计，2005 年我国电子商务交易额达 7400 亿元，同比增长 50%；网上购物用户数量达 2200 万，电子商务在我国的发展步入快车道。

2. 政策与法律环境

尽管我国已出台《互联网信息服务管理办法》《电子银行业务管理办法》《互联网安全保护技术措施规定》《中华人民共和国电子签名法》《互联网电子邮件服务管理办法》《计算机软件保护条例》等法律，但总的来说，我国的信息化政策还不够完善，尤其体现在电子商务方面，有关的政策不够明朗，相应的法律、法规，相关的标准还都没有建立，跨部门、跨地区的协调存在较大问题。因为参与电子商务的不仅仅是交易双方，更重要的涉及工商行政管理、海关、保险、财税、银行等众多部门和不同地区、不同国家，这就需要有统一的法律、政策框架，以及跨部门、跨地区的强有力的综合协调组织，才能促进电子商务的蓬勃发展。可以说，我国有关电子商务的技术标准、行业规范、法律法规的建设仍任重道远。

3. 企业信息化建设

企业作为电子商务的主体，其信息化程度是电子商务运行的基础。目前，我国企业大多处于转型阶段，现代企业制度尚未普遍建立，企业信息化的进展并不令人满意。目前我国已经上网的企业不到企业总数的 1%，在 15 000 家国有大中型企业中，大约只有 10% 实现了企业信息化或运用信息手段比较好。大约有 70% 左右的企业拥有一定的信息手段或着手向实现企业信息化的方向努力，大约 20% 的企业只有少量的计算机，而且只从事单机工作。在 1000 余万家中小企业中，只有极少的一部分拥有现代化的信息手段。

4. 网络银行

金融体系是商务活动的基础保证。电子商务的支付与结算需要电子化金融体系的密切配合。目前我国金融服务极其电子化水平比较落后，跨区域、跨银行的电子支付系统还未建立，网上支付、结算等问题很大程度上阻碍了我国电子商务发展的进程。

加快建立银行间、银行与企业间资金清算和金融管理信息系统，使企业和个人能够随时随地方便地使用电子支付，实时完成电子交易已经是势在必行。各国的货币体系区别很大，而且存在汇率问题，因此，有必要努力将各种不同的支付方式统一起来，真正实现"一卡走世界"。我国的人民银行作为银行的银行，是这一任务的主要承担者；目前正在积极地进行试点与协调，估计在年内将出台一个较为具体的初步方案。对于支付各方（如买者、卖者、银行、中介机构等）的权利与义务也要有相应的法律予以确认。

5. 网络安全及认证技术

由于电子数据具有无形化的特征，电子商务的运作，涉及多方面的安全问题，如资金安全、信息安全、货物安全、商业秘密等。它要求电子商务比传统的有纸贸易更安全、更可靠。而目前网上安全技术及其认证机制均不完善，这也是普通消费者对电子商务持观望态度的重要原因。虽然计算机专家在网上银行的安全问题上下了很大功夫，采用了多种措施，然而，网络黑客的攻击仍然使专家们头疼不已。安全问题仍旧是电子商务活动中的关键。这个问题直接关系到电子交易各方的利益，由于种种风险的存在，各方当事人对在互联网上从事电子交易总是心存疑虑。同时，网上交易所能带来的巨大机遇和丰厚利润也无时无刻不在吸引着那些喜欢冒险的网络入侵者，买方、卖方、银行都必须承担来自外部的风险。电子商务中的信息安全与一般情况下所说的信息安全有一定的区别。它除了具有一般信息的含义外，还具有金融业和商业信息的特征。所以，我们必须高度重视电子商务中的安全问题。

电子商务的安全问题，不仅涉及技术问题，同时也涉及管理问题和法律问题。我国目前还不能生产自己的网络防火墙，许多银行现有的技术防范措施显然不能适应大规模电子交易的需要。电子商务的管理标准尚未系统确定，法律对于电子商务违法交易行为的认定还处于摸索阶段。

政府应当从三方面入手，构建电子商务安全运作的综合保障体系。首先，组织力量，筛选符合我国国情的电子商务安全技术。目前我国使用的网络安全产品基本上是"舶来品"，开发我国自己的网络安全产品已成为不可回避的问题。其次，强化电子商务安全管理，规范买卖双方和中介方的交易行为。目前，应抓紧制定规范的电子商务标准。同时，应尽快

发布有关管理标准。最后，尽快完善电子商务法律法规，明确交易各方当事人的法律关系和法律责任，严厉打击各种违法交易行为。这些问题有些是国际性问题，应由全世界共同面对并加以解决。一个可能的解决方案是创建一个独立的国际实体，负责用一种可被全世界接受的统一的程序来管理与协调。

6. 电子商务人才

电子商务实现的关键最终仍然是人。眼下各大企业缺乏的正是精通计算机与网络技术的商业人才。人才的匮乏是电子商务发展的又一难题。中国社会事务所在对北京、上海、广州等城市数千名公众的电话调查中了解到，能熟练使用电脑的只占很少一部分，其中很多人能够使用电脑但不懂上网等比较复杂的操作；而对于家用电脑的用途，做文字处理与娱乐的比较多，上互联网的极少。电子商务的蓬勃发展使知识型人才缺乏，有待补充。关于这方面的情况，目前我国尚未见到具体统计数字。据美国的统计，其国内缺少数十万名工程师、系统分析员和程序设计师。一些外国公司纷纷到中国招募软件工程师。日本、加拿大、英国、新加坡等国都在中国的各大城市开始了行动，特别是在北京、上海、广州、南京、武汉等人才集中的城市。

电子商务是信息现代化与商务的有机结合，需要大量的掌握现代信息技术的现代商贸理论与实务的复合型人才。电子商务人才的引进与培养成为企业发展电子商务的关键因素。

二、电子商务给企业营销战略发展带来机遇

1. 市场营销环境

电子商务使消费者的购买行为日趋个性化，生产者对市场机会的反应更加敏捷，生产者与消费者直接交易的可能性在增加，中介商的作用将被削弱。同时，全球贸易转向以消费者为重心的买方市场，从而使生产者的市场营销战略必须强调如何更方便、更及时地满足消费者的特定购买欲望。

2. 传统营销方式

传统营销信赖层层严密的渠道，辅助以大量人力和宣传投入来争夺市场，不仅费时费力而且成本高。在网络时代，由于互联网的广泛普及，商家可以利用这个世界性的网络将商务活动的范围扩大到全球。电子商务使买卖双方在网络上形成简单易行的良好界面，使供需双方远在千里之外，通过网络像面对面一样地迅速完成交易，使各种网上交易以电子票据进行支付、清算与决算。企业的原材料采购、生产的组织协调和产品的广告宣传和销售，都会发生一系列变化。

3. 企业竞争形态

通过开展电子商务，网络上信息的公开性使得市场竞争更为公平，产业界限也将变得更为模糊，大企业不仅面临同行中小企业的竞争，同行企业也面临着其他行业企业的竞争，因此，如何顺应潮流，采取相应策略来再创竞争优势，已是企业经营面临的一大挑战。电子商务为企业提供了巨大的市场潜力和全新的销售方式，企业的生产首先为信息网络生产，然后再由网络完成商品和顾客的互动。在网络的冲击下，如果企业没有创新意识，不及时

更新产品和服务,就难以在网络时代生存。

4. 传统消费习惯

互联网极大地改变了人们传统的消费习惯,"网络生存者"就是这一改变的标志性词汇。据统计,截至2018年12月,我国网民规模为8.29亿,其中,月收入在3000元以上的人群占比为45.1%,这些人的消费行为往往较为独立,对商品和服务的个性化要求越来越高,他们不再满足于被动地接受企业生产、销售的产品,对商品的质量、规格、式样、造型以至包装等会不断提出自己的新的要求。随着电子商务的发展,消费者的行为、偏好也有新的变化。在电子商务条件下,每个消费者获得信息的速度和内容都比以往要快得多、多得多,因此他们求新求变的愿望也就越发强烈。随着新技术的不断产生,产品的升级换代也不断加快,从而消费者对消费品的要求也就日新月异。再加上今后生活节奏的加快、工作压力的增大,消费者对购物方便及乐趣的要求也将不断提高。

5. 企业营销理论

在传统的市场条件下,企业根据营销方式和特点实行的是"4P"的营销组合策略,即将产品(Product)、价格(Price)、销售渠道(Place)、销售促进(Promotion)四个变量作为企业营销策略的四个因素。但在电子商务参与进来以后,针对新的市场条件和消费者需求特点该理论已不适用。以舒尔茨教授为首的营销学者从顾客角度提出了新的营销理论"4C"组合:顾客的需求和期望(Customer)、顾客的费用(Cost)、顾客购买的方便性(Convenience)、顾客与企业的沟通(Communication)。这一理论对网络商务运作下的市场营销有着重要的指导意义。因为,在这一理论背景下,网络营销的模式就是顾客和企业的对话,企业在清楚地了解每个顾客个性化的需求后,做出相应的企业利润最大化的策略。这样,企业与顾客之间的关系是一对一的营销关系,是密不可分牢不可破的,网络的即时交互、超越时空等特点即成为这种模式的强大技术依托。

电子商务的介入,传统市场的演变,需要从更高层次以更有效的方式在企业与顾客之间建立起有别于传统的新型的主动性关系。"4Rs"营销理论应运而生:与顾客建立关联(Related),提高市场反应速度(Reaction),重视关系(Relation),追求回报(Repay)。

与以往的营销理论比较,"4Rs"营销理论具有四大优势。第一,"4Rs"营销理论的最大特点是以竞争为导向,在新的层次上概括了营销的新框架。"4Rs"营销理论根据市场不断成熟和竞争日趋激烈的形势,着眼于企业与顾客互动和双赢,不仅积极地适应顾客的需求,而且主动地创造需求,运用优化和系统的思想去整合营销,通过关联、关系、反应等形式与客户形成独特的关系,把企业与客户联系在一起,形成竞争优势。可以说"4Rs"营销理论是新世纪营销理论的创新与发展,必将对营销实践产生积极而重要的影响。第二,"4Rs"营销理论体现并落实了关系营销的思想。通过关联、关系和反应,提出了如何建立关系、长期拥有客户、保证长期利益的具体的操作方式,这是一个很大的进步。第三,反应机制为互动与双赢、建立关联提供了基础和保证,同时也延伸和升华了便利性。第四,"回报"兼容了成本和双赢两方面的内容。追求回报,企业必然实施低成本战略,充分考虑顾客愿意付出的成本,实现成本的最小化,并在此基础上获得更多的顾客份额,形成规模效益。这样,企业为顾客提供价值和追求回报相辅相成,相互促进,客观上达到的是一种双赢的效果。当然，"4Rs"营销理论同任何理论一样，也有其不足和缺陷，如与顾客建立关联关系，需要实力基础或某些特殊条件，并不是任何企业可以轻易做到的。但不管怎样，"4Rs"营销理论提供了很好的思路，是经营者和营销人员应该了解和掌握的。

6. 技术支持手段的变化

信息技术的长足发展为市场营销管理思想的普及和应用开辟了广阔的前景。客户关系管理（CRM）作为市场营销的技术支持手段，集合了当今最新的信息技术（如互联网和电子商务、多媒体技术、数据仓库和数据挖掘、专家系统和人工智能等），包括客户关怀（customer care）和客户满意（customer satisfaction）两方面内容，其基本功能包括客户管理、联系人管理、时间管理、潜在客户管理、销售管理、电话销售、营销管理、电话营销、客户服务，甚至还包括呼叫中心、合作伙伴关系管理、商业智能、知识管理、电子商务等。客户关系管理将市场营销理论中的部分科学管理思想集成在软件上面得以大规模的普及和应用。

由于注重客户关怀可以明显地增强服务的效果，为企业带来更多的利益，所以客户关怀贯穿了市场营销的所有环节。客户关怀包括如下的方面：客户服务（包括向客户提供产品信息和服务建议等）、产品质量（应符合有关标准、适合客户使用、保证安全可靠）、服务质量（指与企业接触的过程中客户的体验）、售后服务（包括售后的查询和投诉，以及维护和修理）。在所有营销变量中，客户关怀的注意力要放在交易的不同阶段上，营造出友好、激励、高效的氛围。对客户关怀意义最大的四个实际营销变量是产品和服务（这是客户关怀的核心）、沟通方式、销售激励和公共关系。客户关系管理软件的客户关怀模块充分地将有关的营销变量纳入其中，使得客户关怀这个非常抽象的问题能够通过一系列相关的指标来测量，便于企业及时调整对客户的关怀策略，使得客户对企业产生更高的忠诚度。

客户满意是客户通过对一个产品或服务的可感知的效果与他的期望指向比较后，所形成的愉悦或失望的感觉状态。企业不断追求客户的高度满意，原因就在于一般满意的客户一旦发现更好或者更便宜的产品后，会很快地更换产品供应商。只有那些高度满意的客户一般才不会更换供应商。客户的高度满意和愉悦创造了一种对产品品牌在情绪上的共鸣，而不仅仅是一种理性偏好，正是这种由于满意而产生的共鸣创造了客户对产品品牌的高度忠诚。因此，企业必须要加强与客户之间的紧密联系和提高客户忠诚度。提高客户忠诚度过程中的重要一点是关注客户流失率，并采取措施有效地降低流失率。吸引一个新客户所耗费的成本大概相当于保持一个现有客户的5倍。需要耗费更多的精力和费用去劝导那些满意的客户从他们的供应商那里转到本企业。相关研究表明：一个企业如果将其客户流失率降低5%的话，其利润就能增加26倍。因此客户关系管理首先提倡的是保持现有客户，实现现有客户的重复购买是企业追求的首要目标。其次才是开拓新市场，吸引新客户。客户关系管理软件吸收了市场营销关于客户满意度方面的研究成果，并将其能够量化成可测量和评估的指标，使得企业能够比较容易地考核客户满意度，据此进行有效的决策。这种营销理念的确立要求企业必须进行客户关系管理。

因此，作为市场营销的技术支持手段的客户关系管理的应用必将使企业能有效地进行顾客关怀，提高客户的满意率，并实现对众多零售商的直接交易，即通过建立B2B或

B2B2C 的营销模式,消除营销体系中的中间环节,从而缩短交易时间,降低交易成本,实现营销的飞跃。

总之,随着全球经济一体化进程的加快,IT 技术发展特别是互联网技术的出现与广泛应用,人类社会将从过去的工业经济时代进入到电子商务时代。电子商务时代是一个"以顾客为中心"的时代,它要求企业的市场营销工作必须围绕这个中心来进行。一个致力于提高客户满意率、回头率和客户忠诚度,体现对客户的关怀并实现对客户个性化需求快速响应的企业才是这个时代最有活力的和最有发展前途的企业。

三、电子商务给企业营销带来的挑战

(一)全球贸易竞争加剧

科技的进步,技术的发展,尤其是信息技术的出现,不可逆转地影响了全世界的格局,信息化带来的影响是多方面的,贸易全球化是其中一个主要方面,电子商务极大地提升了企业的竞争力,同时也缩短了企业与消费者之间的物理距离、文化距离、心理距离。企业也将面临更加残酷的竞争,这些竞争来自政府、其他企业、科学技术革新、消费者个性需求等多方面的压力,企业将不得不选择电子商务。

(二)财务、金融风险

财政风险的加剧源于网络经济的全球化特征和信息的非对称性。企业在网上经营,一方面由于传统方式交易数量的减少,使现行税基受到侵蚀;另一方面由于网络经济是新生事物,税务部门还无法适应,来不及制定相应的对策,造成网络空间中的"税收盲区",从而导致税款的流失。同时,电子商务不可避免地引起税收转移,企业可以利用"避税地"进行避税。大量网上交易和贸易无纸化程度的提高,也加大了税务稽查的难度。

网络经济在加强金融全球化和一体化进程的同时,也给金融系统带来了巨大的风险。网络经济的实时性、交互性特征以及在此基础上产生的强正反馈效应,使得各国的金融业务和客户相互渗入和交叉,国与国之间的风险相关性加强,金融风险交叉"传染"的可能性上升;网上交易量可能出现瞬间剧增,加大了因交易环节中断而导致的支付、清算风险,并使补救成本增大,纠错余地缩小;由于电子货币流通速度快,其对基础货币的衡量和货币乘数都造成很大影响;电子货币的跨国界流动,使一国货币政策的独立性和金融监管受到严重的挑战。

(三)管理风险

电子商务背景下,不健全的企业管理制度必然给企业经营和市场营销带来风险。据美国统计,73% 的网络非法行为是公司内部人员所为。网络经济使经济运行规律和一些基本法则都发生了极大的变化。如果企业不能适应这种变化,不能相应调整自己的管理制度和管理模式,就会面临着极大的风险。管理风险通常包括两个方面:①组织内部没有建立相关的管理制度;②企业没有真正实施已经建立的管理制度。由于组织对内部人员没有建立有效的激励机制和约束机制,内部人员延迟信息传递或泄密等类似现象的出现就很难避免,如企业知识产权和商业秘密的泄密等。

（四）技术风险

技术风险主要指网络硬件安全、网络运行安全、传递数据安全等方面的问题，如网络服务器常遭受到黑客的袭击，个别网络中的信息系统受到攻击后无法恢复正常运行；网络软件常常被人篡改或破坏；网络中存储或传递的数据常常被未经授权者篡改、增删、复制或使用。更加令人担忧的是，由于关键技术落后，很多国家的网络关键设备依靠国外进口，这就带来了一些无法预知的隐患。

（五）信息风险

信息风险指信息虚假、信息滞后、信息不完善、信息垄断等有可能带来的损失。信息虚假主要指一般企业的信息虚假，中介部门如金融机构、信息服务部门的信息虚假等。信息的滞后和不完备性对网络经济的运行安全也会产生威胁，因为这些现象有悖于网络经济对信息的"快捷性要求"和"完备性要求"。在信息传递过程中，如果市场行为主体不能及时得到完备的信息，就无法对信息进行正确的分析和判断，无法做出符合理性的决策。信息垄断则是需要关注的另一个重要问题。在我国，信息垄断主要表现为一些信息综合部门垄断着大量信息。他们只愿把汇集和综合的信息无偿提供给有关上级部门，而不愿提供给迫切需要这些信息的企业和个人。

（六）政策风险

法律制度的建立和实施是维持良好市场秩序的基石。如果法律制度有所欠缺或"有法不依"，市场秩序就会紊乱，"制度风险"就会降临。由于网络经济还处于发展的初级阶段，人们对网络经济的认识不足；又由于国际协调还处于萌芽阶段，世界各国基本上都是各自为政。这就使得当前的制度风险显得尤为突出。虽然各国都已经制定了一系列相关政策，但并不完善。在国际上，由各国政府共同认定的法律和法规更是寥若晨星。可以预见，世界各国在经历电子商务的研究和实践后，必然会对全球电子商务系列标准达成一致。

第四节　电子商务背景下企业营销的对策

一、电子商务背景下的企业营销管理

1. 世界贸易组织与全球贸易

中国加入世界贸易组织（WTO）以后，中国内陆市场成为世界统一大市场的一部分，企业诸多行为是围绕全球贸易展开的，电子商务也不例外。传统世界贸易组织中性、透明、自由、非歧视的规则在电子商务的环境下可能部分得到修正，世界经济贸易组织成员已经就电子商务达成二点共识，一是研究电子商务，二是暂不对电子传输的商品征收关税。企业充分了解世界贸易组织的各项规则和国际惯例，及早采取措施，运用电子商务这一管理

利器，加速发展企业，增加企业核心价值。

首先，中国加入世界贸易组织将打开国外直接在互联网方面投资的大门。根据中美双边世界贸易组织协议，国外服务提供者将能够涉及互联网服务的所有方面。在经过同意的情况下，外方可以在合资企业中保持30%的股份，一年以后可达49%，二年后达50%。中国同意按照竞争管理原则承担世界贸易组织文件中规定的所有义务。其次，世界贸易组织将会使中国的法律制度增加透明度。服务贸易总协议（GATS）要求政府出版所有相关的法律和法规，并迅速或至少按年度地将新法律法规或方针告知服务贸易理事会。最后，中国将与世界贸易组织成员方进行更加广泛的交流与合作，能与全球贸易伙伴互相影响，以便对电子商务形成一种统一的方法。

2. 企业信息系统建设

大型企业信息系统的建设应建立大型动态数据库，在网上建立人事、财务、库存等一些大型的、基本的动态数据库，搜集来源于企业各个方面的信息，让大量的、有序的信息在网上流通。只有对数据进行归纳、整理，并建立动态数据中心，才能为决策者提供有效的判断依据。目前，有许多企业建立了电子商务平台，为企业之间以及企业与用户之间提供了各种交易的途径。企业只要具备了一定的信息化手段（如企业内联网、管理信息系统、后台数据库等），就可以利用这些平台进行电子商务运作。这为中小企业的发展创造了良好的机遇，它们可以用自己灵活、简便、低成本的优势与大企业展开竞争。企业领导需要在内心深处真正意识到企业信息化的必要性、可能性和良好的效益，要认真研究本单位的实际情况，在信息化的方面最需要做什么，立即投入实际行动，充分运用信息手段，在运用中进一步了解和掌握它，不断收到实际效益，进而增强推进信息化的信心。企业管理层要重视电子商务战略发展，为企业信息化做好组织工作，制定好长期发展规划。

3. 差异化的产品

为了赢得消费者依赖，企业必须把每个消费者看成是独立的、不同的个体，生产个性化的产品来满足不同消费者的需求。事实上，有数据统计显示，像汽车这样技术含量复杂的商品，想提供个性化的产品，仍有80%以上的组件是标准化的，在计算机辅助设计、制造的今天，个性化产品制造已经成为企业生存的基本能力。企业为了生产能满足消费者需求的个性化商品，就应研究消费者的真实需求、消费习惯、消费趋势等，这样才能把握消费者市场，不断研发出适合市场、适合消费者心理需求的个性化产品，从而抢占商机，引领企业可持续、快速发展。

4. 网络营销管理

（1）互动营销

电子商务下的企业营销最显著的特点是网络互动营销，电子营销帮助企业同时考虑客户需求和企业利润，寻找能实现企业利润的最大化和满足客户需求最大化的营销决策。

顾客的欲望和需求可以通过网上立即到达营销者，而营销者也可以立即针对顾客需要制订或修改产品、价格和销售方案，通过交流达成充分的理解。网络互动的特性使客户真正参与到整个营销过程中来成为可能，客户在企业营销中的地位得到提高，客户参与的主动性和选择的主动性得到加强。在这种网络互动式营销中，卖方和买方可以随时随地进行互动式双向交流。

例如，日本松下自行车制造公司利用"快速反应系统"和"按订单生产"的销售方式（JIT），消费者可以在自行车的"计算机产品展示室"中借助于CAD系统对其自身进行测量和输入自己身体特性的数据，找到最适合自己的自行车尺寸和形状，还可以根据自己的爱好提出各种特殊要求，包括将自己的名字或赠言，喷涂制作在车身的指定部位上。这些信息则通过电子数据交换系统（EDI）直接传送到生产车间，两周之内顾客就可以骑上按自己要求定制的独一无二的车型。松下公司可以提供199种颜色、18种型号、一千多万种变化给顾客。

（2）整合营销

整合营销是运用系统论和权变理论解释营销的一种理论，它认为营销中各个部门、营销过程及其结果具有统一性，并以消费者为中心。在电子营销中，营销者发出的信息具有统一性，营销过程表现为与顾客进行交互式沟通，营销的最终结果和目标则统一于顾客。电子营销不仅整合了营销信息和过程，最重要的是把顾客整合到营销过程中来，体现了顾客满意作为营销目标的价值。在电子营销中，企业和客户之间的关系变得非常紧密。电子营销能够使用顾客数据库实现一对一的营销，能够随时对每一位顾客的需求做出反应。这种营销框架称为网络整合营销，它始终体现了以客户为出发点及企业和客户不断交互的特点。

整合营销要求与消费者沟通，了解他们的需要，并与之维系长久的营销关系。要实现这种"双向沟通"，首先要建立起详细的客户资料库，企业要针对某个目标细分市场上的消费者，综合协调地使用各种形式的传播方式，了解顾客信息并修正传播计划；其次，决定如何及时与消费者接触，同时接触的方式也决定了要与消费者沟通的主题是什么；再接下来就是发展一个传播策略，即在接触管理背景下，确定该传达何种信息；然后根据传播目标，制定整合营销传播目标；最后，决定用何种营销传播工具及传播战术来完成此目标。

（3）直复营销

直复营销又叫直接营销，是利用直接反馈的广告、邮件、电话或其他相互交流的媒介进行的大范围营销活动。它最大的特点是直接与顾客接触，易于建立与每一个顾客的关系，从而成为与顾客保持联系，培养忠诚顾客的有效途径。在电子营销中，营销者能与顾客进行直接沟通，不仅如此，它还具备一般直复营销方式所不具备的互动性交流的特点，这可以帮助它在网上及时对顾客需求做出反应并迅速改进产品，从而更好地满足顾客的个别需求。

（4）大规模定制营销

"定制营销"指企业在大规模生产基础上，将每一位顾客都视为一个单独的细分市场，根据个人的特定需求来进行市场营销组合，以满足每位顾客的特定需求。它是制造业、信息业迅速发展所带来的新的市场营销机会。今天的"定制营销"与以往的乡村裁缝定做不同，体现在它的大规模生产上。数据库的建立使得大规模的定制成为可能，进而将消费群和需求细分极限化，顾客的参与性程度和个性化满足程度得到了极大的提高。

大规模定制是信息化管理挑战品牌经营的有力手段。这种营销模式正在被许多产业应用，它极大地降低了库存，更进一步改善了产品和服务的质量，并简化了整个需求判断的

过程，以个性化的产品和服务更好地满足了顾客特定的需求。

（5）"软营销"管理

传统营销是从企业角度出发，通过广告和人员推销向顾客施加影响，使其对产品或服务发生兴趣，因此是一种强式营销。与之相比，网络营销是一种软性营销，它更多地靠自身的信息吸引消费者，是一种拉式而非推式的营销。软营销和强势营销的一个根本区别就在于：软营销的主动方是客户而强势营销的主动方是企业。由于网络社区（网络上基于共同的兴趣、爱好或其他活动而形成的虚拟社区）成员，因此还必须遵守虚拟社区有关的规范和准则（称为网络礼仪）。在此前提下，为顾客提供大量符合其需要的信息，以信息代替说服，从而使消费者的个性和需求得到最大的尊重和满足。

5. 知识管理与客户管理

企业在 E 时代运作的成功，取决于公司如何管理自己的战略性过程知识体系，该体系是确保公司电子商务系统稳定运行的关键。同时，企业的流程也应适应网上经营带来的新变化。公司建立持久的竞争优势也将依靠企业战略性地使用这些流程知识体系。其中建立在流程基础上的顾客接触点将是公司建立独特优势的核心。

客户关系管理是企业电子商务背景下知识管理的重要应用，客户关系管理旨在改善企业与客户之间关系的新型管理机制，同时也是包括一个组织机构判断、选择、争取、发展和保持客户所要实施的全部商业过程。

企业为了健康地开展电子商务，必须建立消费者信息数据库。消费者是企业的战略财产，企业必须管理和运用消费者数据库，分析消费者的消费轨迹，集中分析个性需求，同客户发展长期的私人关系，并锁定网上消费者。一方面因特网上信息的不断激增，另一方面消费者的时间有限，企业必须开始吸引消费者上网，并且促使多次访问和长时间游览企业网站的营销策略。企业要主动改善与消费者的关系，通过产品、服务等手段与消费者设立长期的稳定的关系，与消费者一同创造企业价值，并树立企业的品牌，这是企业可持续发展的重要条件。

6. 物流和服务

企业必须将物流管理纳入电子商务发展战略中去，由于物流管理对网络营销有重要影响，企业必须从营销的起点即从产品的构想和设计开始就强化企业的物流管理，使原材料、半成品和产成品高效率低成本地进行运输和储存，从而实现企业降低成本、促进销售的目的。企业还应通过有效的物流管理，减少产品的流通环节，优化市场营销渠道。企业可以根据自身的行业特点选择适合自己的物流模式，完善产品的流通网络，为营销渠道的优化提供支持。

企业应加强涉及电子商务的部门与物流部门的整合，企业在产品、价格、渠道、促销等方面制定营销战略时，应由营销部门与物流部门或物流服务商共同商讨。这样，营销部门可以了解企业的物流能力和产品的物流成本，为营销决策提供依据。物流部门或物流服务商也可以了解营销活动的概况，及时采取行动为营销活动提供支持。

实行物流服务差异化战略，物流服务是产品的重要组成部分，也是市场营销的一个重要环节。由于生产技术的可复制性和可传递性，产品日趋同质化，产品差异化越来越难以实现。企业要尽可能为顾客提供先进独特的物流服务，实行物流服务差异化战略，从而实现市场营销中的产品差异化战略。能否迅速有效地满足顾客需求，保持物流服务的稳定性，将直接影响顾客对产品的评价，影响产品的市场竞争力。

利用第三方物流，企业可以考虑利用第三方物流的先进运作模式降低物流成本，为企业竞争获取成本优势。物流管理已经对企业降低生产成本、提高经济效益起着越来越重要的作用。而一般的企业又缺乏现代物流管理理念和经验，利用自己的物流部门进行物流管理难以降低经营成本。就连曾经备受赞誉的"海尔物流"，也是处于亏损状态的。企业可以将物流业务部分或全部外包给物流企业，利用其专业化的管理为自己服务，企业则全力抓好生产和销售。利用第三方物流进行物流管理已经成为企业物流管理的一种趋势。

7. 培育电子商务人才

电子商务实现的关键最终仍然是人。这是因为，从整个社会看，电子商务首先是一个社会系统，社会系统的中心是在其中活动的人；从行业的角度看，商务系统实际上是由围绕商品交易的各方面代表和各方面利益的人所组成的关系网；从电子商务本身看，虽然我们充分强调计算机网络技术对交易活动的促进作用，但归根结底起关键作用的仍然是人。电子商务是信息现代化与商务的有机结合，需要大量的掌握现代信息技术和现代商贸理论与实务的复合型人才。

中小企业应充分利用各种途径和手段培养、引进并合理使用好一批素质较高、层次合理、专业配套的网络、计算机及经营管理等方面的专业人才，以加快企业电子商务建设步伐。可以在市场营销、企业管理、国际贸易、贸易经济、信息技术、商务管理等现有专业中选择电子商务人才，同时在企业内部大力培养高素质的复合型人才，以适应企业电子商务发展的需要。

二、传统企业实施电子商务的战略步骤

1. 接入互联网

传统企业接入互联网，不但可以从互联网上获取大量的技术和信息，在营销上与供应商、代理商、销售商进行广泛的沟通，同时还可以利用网络技术开展营销活动，也才有可能进行电子商务活动。事实上，大多数传统企业已经完成了这一战略步骤。传统企业要上网，就必须选择适合本企业的接入方式，理论上接入互联网的方式有9种：PSTN、ISDN、DDN、LAN、ADSL、VDSL、Cable-Modem、PON和LMDS。要接入互联网，要选择合适的接入方式，当然企业也可以借"外脑"，全部或部分外包，从长远可持续发展观点看，培育企业自己的电子商务人才会降低企业运营成本。

2. 建设及推广企业网站

企业网站表面上是由若干动态或静态网页组成的，而建设企业网站远不像做网页那么简单。事实上，建设企业网站是为了商务活动，那么企业网站的各个模块都要完成某种商务的职能。网站建设主要涉及域名注册及主机管理、企业内网、企业外网、安全策略等方面。这几个方面都是专业性较强的工作，作为传统的企业来说，不可能所有的业务都由企业内

部 IT 人才来完成，可以选择"自己人"与"外脑"相结合的方式，即企业网站的建设借"外脑"，在这个过程培养"自己人"，在企业网站运营的过程中使用提升"自己人"的专业水平，培养自己人的根本目的在于，企业信息化过程中随时可能出现新的需求和新的情况，企业内部的人才会根据变化的情况，对企业网站功能进行再造，以适应变化了的情境。

企业网站建设好以后，就要进行全面的推广，推广的目的是使市场上的消费者能了解企业的产品和服务，进而选择它们。同样企业网站的推广也是技术性较强的并且是一项系统的、长期的工作。网站推广的基本方法可以归纳为搜索引擎推广、电子邮件推广、资源合作推广、信息发布推广、病毒性营销、快捷网址推广、网络广告推广、综合网站推广、传统媒体推广等。

3. 企业业务流程重组加快信息化建设

对于传统企业来说，完成了网站建设和推广后，还要对企业商务流程进行重组，以适应电子商务环境的需求，要不断加强企业内外部的信息化建设，以使企业高效率运行，提升企业的核心竞争力。电子商务是实施整个贸易活动的电子化，是把电子工具应用于企业的生产、销售、客户服务以及整个供应链的全过程，发达的电子商务离不开完善高效的企业内部网络，只有当企业内部网络与外部网络都建设发达后，电子商务的低成本、高效率才能凸现出来。

4. 电子商务功能外包

ASP（Application Service Provider）指在网络上提供应用软件租赁服务的应用软件提供商。ASP 的运营模式是通过服务商与用户签订外包协议的方式，将用户的全部或部分与业务流程有关的应用软件承担下来，保证这些业务流程的顺利运作，包括提供相关的应用程序、保证其维护与升级、对应用系统进行管理、为用户业务流程进行保密及保证用户数据的安全性等工作，所有这些服务的交付将基于网络来实施。ASP 可以提供企业所需要的各种应用软件服务，小至人事、工资、财务管理软件，大至企业资源计划（ERP）系统，甚至是企业内联网、E-mail 等服务。

5. 加盟垂直商务网站和综合性商务网站

商务圈或生意圈是企业未来要经历的一种重要模式，事实上这种模式已经初现端倪，那么企业加入适合自己的商圈似乎是必然的选择，例如中国供应商。当然目前我国电子商务平台云集，令传统企业不知如何选择。可以参考的策略：如果企业专业性较强，可以选择垂直商务网站，如纺织企业可以选择中国纺织网，化工企业可以选择中国化工网等；如果企业以外贸见长，可以选择阿里巴巴国际站、全球资源网、中国制造网等；如果企业业务以内贸为主，可以选择慧聪网、阿里巴巴中国站等。事实上，传统企业可以选择两个或多个电子商务平台作为自己的长期合作伙伴。

6. 选择国际大公司电子商务解决方案

对于大型的传统企业来说，在完成了企业信息化建设后及电子商务人才的积累后，考虑使用国际大公司的电子商务解决方案来提升企业竞争力也不失为明智之举。一些大的公司的电子商务解决方案，如 IBM 电子商务解决方案、GEIS 电子商务解决方案、Microsoft

电子商务解决方案、Site Server 3.0 商业版等都各有自己的特点，企业在选择前要充分调研，详细了解各公司的差异，使用适合自己企业的电子商务解决方案。

三、建议

电子商务的发展日新月异，对企业管理、市场营销的影响显而易见，尽管已有的研究在法律法规、信息建设、税收、安全、电子支付、物流、人才、商务模式等领域做了大量的富有成果的探讨（就以往的研究方向来看，主要是影响电子商务因素的探讨），尽管许多研究者就电子商务是一套系统的工程这一点已经达成共识，但就目前的研究来看，全球仍没有对电子商务的系统应用标准达成广泛的共识。随着对电子商务的深入研究和实践，围绕全球贸易，涉及法律法规、信息建设、税收、安全、电子支付、物流、人才、商务模式、语言、区域、外贸、文化、企业管理、政策等，一套成熟的电子商务营销系列标准终会被建立，并将指导企业电子商务的实践。

第二章　电子商务在传统企业运营中的应用

第一节　电子商务在供应链管理中的应用

在传统企业运营中，供应链管理（Supply Chain Management，SCM）是重要的一个环节。供应链是一种业务流程模型，它指从原材料和零部件供应商、产品的制造商、分销商和零售到最终用户的一个环环相扣的链条。供应链通过计划（plan）、获得（obtain）、存储（store）、分销（distribute）、服务（server）等一系列活动，在顾客和供应商之间形成一个衔接（interface），以使企业满足顾客的需求。

供应链管理是对整个供应链系统中各参与企业之间的物流、信息流、资金流进行计划、协调、控制和优化的各种活动和过程。其目的是将顾客所需的正确的产品（right product）在正确的时间（right time）按照正确的数量（right quantity）、正确的质量（right quality）和正确的状态（right status）送到正确的地方（right place），即"6R"，并使其成本最小。

电子商务的发展为供应链管理的实施创造了良好的条件，电子商务的发展使企业之间的竞争不再取决于企业所实际占有的资源多少，而取决于企业可控制运用的资源多寡。因此，企业必须利用外部资源尤其要发挥好网络的作用，通过互联网使自己与合作伙伴、供应商互联互通，做到信息资源实时共享，最大限度地降低采购成本、提高运作效率。

一、电子商务对供应链管理的影响

电子商务的运作将促进供应链管理的长足发展，供应链管理与电子商务紧密相关，电子商务对供应链管理的影响是深远的：电子商务影响供应链内部的成本水平，增加了供应链的柔性，在有效地降低供应链上企业的库存水平的同时，提高了顾客服务水平。

1. 电子商务使供应链节点企业之间的采购费用得以降低

对于一个传统企业来说，向供应商采购是一个复杂的过程。首先，买方企业要把详细计划和需求信息传送给它的供应商，以便供应商能够准确地按照买方企业要求的性能指标进行生产。如果产品样品被认可，而且供应商能够有能力立即生产，买方企业就会发出一份明确具体产品数量的采购订单。然后，买方企业会接到供应商的通知，告知采购订单已经收到并确认该订单可以满足。当产品由供应商发出时，买方企业再次接到供应商通知，同时还收到产品的发货单。买方的财务部门核对发货单和采购单后付款。如果原有的订单在某一环节出现问题，这一交易过程将更加复杂。

在电子商务环境下，由于建立了信息网络和交易系统，利用数据仓库等现代信息技术，企业与其供应商之间能够快速、准确地传输和共享信息数据，从而可以省去在传统商务方式下传递信息所需要的大量复杂的手工操作和印刷、邮寄等费用，在提高信息处理和传输效率的同时降低信息传递和处理过程中的差错率，从而有效降低了节点企业间的采购/销售的直接成本，采购人员也可以把更多的精力和时间集中在价格谈判和改善与供货商关系上。通过电子商务采购平台，与供应商建立起了良好的、紧密的、新型的动态企业联盟，达到双赢的目标，提高了双方的市场竞争力。

2. 电子商务增加了供应链的柔性

现代社会里，由于顾客需求的变化越来越快，因而一个传统企业为了能够在激烈的市场竞争中生存下去，就必须不断调整自身的产品结构来适应新的市场需求。在传统商务环境下，由于供应企业与需求企业之间没有有效的沟通手段，一旦市场发生变化，节点企业很难迅速改变其原来的生产计划，因而容易造成行动滞后于市场变化的速度，从而丧失市场机会。

然而，在电子商务环境下，由于使用了先进的互联网技术，一旦市场发生变化，传统企业就能够通过互联网平台迅速了解变化情况，并与其供应商实时互动沟通，变更采购计划，及时调整产品结构，从而带动整个供应链中的相应节点企业之变化，使得整个供应链的柔性增加。

3. 电子商务有效地降低供应链上企业的库存水平

在供应链上采用电子商务手段后，企业与其供应商之间以及企业与用户之间能够快速地交换原材料信息和产品信息，从而可以降低企业的库存水平。电子商务与传统商务方式比较，一方面，企业向其供应商采购原材料时，采购批量可以相对减少，采购频率可以随着生产需要而相应增加或减少，当企业需要使用原材料时可以通过电子商务手段快速向供应商订货，这样不仅及时补充了库存，保证了生产的连续性，而且减少了原材料的在库量，避免了在传统商务方式下所必需的大量原材料库存；另一方面，当用户或销售商利用电子商务手段把产品销售信息反馈给企业后，企业能够及时调整生产结构以适应市场需要，从而减少了产品积压的风险。

4. 电子商务有效提高供应链上的顾客服务水平

在现代社会里，一个传统企业要在激烈竞争的市场中具有强大的竞争力，仅靠高质量低成本的产品是不够的，在电子商务环境下，顾客反应能力变得越来越重要。顾客需求的变化已经成为左右市场方向的指南针。工业化时代是由大批产品供应来推动的，而在顾客化时代，则是由大量的顾客需求所拉动的。电子商务的运用，使得供应链在获得可观经济效益的同时提高了顾客服务水平，许多公司已经开始使用互联网进行客户服务，在网上介绍产品、提供技术服务、查询订单处理信息等，这样不仅可以解放公司内部的客户服务人员，让他们去处理更加复杂的问题，而且也可提高客户的满意度。

电子商务除了上述4个方面直接影响供应链外，还间接影响供应链的角色、产品特色、企业地位和资产的属性等。因此，在实际应用中必须在电子商务基础下，深入考虑、认真研究面临的问题，重新定义供应链，改进供应链信息结构、组织结构和决策结构，将传统企业文化集成到现代电子商务模型中，从传统的商务模式过渡到电子商务模式。

二、电子商务在供应链管理中的应用

电子商务平台使得供应链中的核心企业向其他供应商的供应商以及向其顾客的顾客进行延伸变得越来越容易,各个节点企业之间通过内联网、外联网(Extranet)、互联网共享数据和决策信息。在使用电子商务手段后,整个供应链将显示出巨大的活动,因此,电子商务应用于供应链必然会成为未来供应链发展的趋势。对于供应链中的一个节点企业来说,它与它上一级供应商以及下一级用户之间的关系都可以简单地分为供应和需要两种关系。在电子商务环境下,供应链中的节点企业首先必须建立自己的内联网,使企业内部的工作流程和业务流程实现电子化;然后再通过网络信息技术(如电子数据交换)将各节点企业的内联网进行连接形成外联网,使得企业与供应商之间以及企业与客户之间实现信息沟通的电子化、网络化。这一范围还仅仅是传统供应链管理的范围,完全意义上的电子商务还应通过互联网技术将这一范围进一步拓展,形成延伸的供应链管理网络。由于互联网涉及的地域十分广泛,因而使得供应链管理的范围变得非常庞大,一个核心企业可以有多个分布在不同的国家和地区的供应商,同时供应商本身也可以有多个供应商……针对如此庞大的供应链网络,只有利用电子商务手段才能使整个网络更加有序、高效地运作。

当前,供应链和电子商务结合的研究大致分为两类。一类是利用电子商务手段将供应链上的各种异构系统集成为一个整体,以提高业务流程效率,降低供应链的总成本,如企业资源计划(ERP)与客户关系管理(CRM)的集成、接口与标准,电子数据交换的战略应用及其对商务伙伴关系、权力平衡等的影响,电子商务技术采纳模型的研究等,侧重于信息技术的应用和管理。另一类是研究电子商务环境下供应链管理的特征和管理方法,如重新设计分销流程、减少流通中的间层、避免价格差异、供应链的重组、供应链的电子化战略研究等,侧重于管理模式的创新。电子商务供应链管理在国内外企业中的应用现在相当广泛,许多大公司已拥有自己的电子商务供应链管理系统,如中国联通(China Unicom)、海尔(Haier)、戴尔(Dell)等公司。

1. 用电子商务实现集成化供应链管理

供应链管理模式要求突破传统企业的采购、生产、分销和服务的范围和障碍,把企业内部以及供应链节点企业之间的各种业务看作一个整体功能过程,通过有效协调供应链中的信息流、物流、资金流,将企业内部的供应链与企业外部的供应链有机地集成起来管理,形成集成化供应链管理体系,以适应新竞争环境下市场对企业生产和管理运作提出的高质量、高柔性和低成本的要求。电子商务的应用促进了供应链的发展,也弥补了传统供应链的不足。从基础设施的角度看,传统的供应链管理一般是建立私有专用网络,这需要投入大量的资金,只有一些大型的企业才有能力进行自己的供应链建设,并且这种供应链缺乏柔性;而电子商务使供应链可以共享全球化网络,使中小型企业能以较低的成本加入全球化供应链中。

从通信的角度看,通过先进的电子商务技术(如 XML、OBI 等)和网络平台,可以灵活地建立起多种组织间的电子连接,如组织间的系统(inter-organization systems,IOS)、企业网站、企业外联网、电子化市场(electronic market)等,从而改善商务伙伴间的通信方式,将供应链上企业各个业务环节孤岛连接在一起,使业务和信息实现集成与共享,使一些先进的供应链管理方法变得切实可行。

在电子商务时代背景下,电子商务发展必然实施供应链管理。作为供应链管理模式的一种工具,电子商务可以起到以下作用。

①运用电子商务,可以帮助企业突破企业供应商和客户间的交易距离与界限,使企业成为全球网络供应链中的一个组成单元;电子商务的运用同时也改变了企业进入市场的条件,使得企业能以更低的成本加入供应链联盟中。

②运用电子商务,可以高效率地管理企业的所有信息,帮助企业创建一条畅通于客户、企业内部和供应商之间的信息流,为供应链上的合作企业之间的协调一致、同步运作提供了技术平台,为供应链无缝、高效地运作创造了条件。

③运用电子商务,可以降低生产、交易、管理成本,减少库存,缩短生产周期,增加交易机会,从而放大供应链运作的效益。

④运用电子商务,企业可以与客户进行有效的双向交流,根据客户的需求实现定制化服务,并以最快的速度把产品送到客户手中,从而提高了供应链快速响应市场的能力。

2. 电子商务在供应链管理中应用的切入点分析

企业的供应链管理是一个开放、动态的系统,可将企业供应链管理的要素区分为两大类:

①区域性因素:包含采购/供应、生产/计划、需求/分销三要素;

②流动性因素:包含信息流、资金流和物流。

根据供应链管理系统基本元素的区域性流动性,可形成供应链管理系统矩阵分析模型,如表2-1:

表2-1 供应链管理系统矩阵分析模型

	采购/供应	生产/计划	需求/分销
信息流	A1	A2	A3
资金流	B1	B2	B3
物流	C1	C2	C3

利用电子商务技术,在订单处理、采购管理、库存管理、生产管理、运输管理、客户管理、需求预测等多方面与传统的供应链的运作有很多特色。

(1)订单处理

电子化供应链中的订单基本都是在线生成、在线处理、在线支付,这样,订单的管理成本将会大大下降,订单的处理时间将大大缩短,订单的出错率也会因为减少重复录入而下降,另外,在订单生成之前,供应商价格的在线查询也将提高订单的准确性和有效性。

(2)采购管理

采购是供应链管理的重要环节,在传统条件下,采购工作较为繁杂,牵连的人力物力很多,效率不高。利用电子商务系统进行采购,可以简化采购流程,提高效率,通过利用网络信息可以方便地面向全世界进行采购,大大降低采购成本,同时也提高了采购质量。

（3）库存管理

在电子化供应链中，核心企业与供应商的缺货通信可直接由网络来实现，核心企业还可以通过网络通知客户有关订单处理的延迟或库存告急的信息，并可向管理者提供现场库存商品的情况，以减少库存保留量，降低总的库存维护成本。

（4）生产管理

在传统的供应链管理条件下，由于缺乏准确及时的有关市场、供应和库存的信息，生产计划和调度存在很大的困难，生产环节的脱节和浪费现象较为常见；而利用电子商务，可以将市场、供应和库存的信息及时反映给管理层，以便管理层根据有效信息集合及时对生产任务作出调整，从而在激烈的市场竞争下保证企业的效益。

（5）运输管理

网络技术在运输管理中发挥着重要的作用，随时可以通过网络查询所运输物品的走向和货品状态，可以及时公布发货和收货的有关信息，可以通过无线发射装置跟踪运输设备的位置等。

（6）客户服务

互联网的双向交互功能在为客户提供高水平服务方面同样发挥有效的作用，也适合时代个性化要求。

（7）需求预测

互联网对更好作出预测具有很大作用：一方面，供应链内部的客户可以把有关需求信息及时传递给供应商，使供应商实现按需生产；另一方面，借助于互联网，生产厂商可以了解本行业的发展趋势、竞争者的动态、客户的各种特殊需求等，以便及时改进生产计划，调整产品结构。

3. 电子商务在供应链管理中的实施步骤

供应链管理技术主要经过了三个阶段：企业资源规划阶段、专门化的供应链解决方案阶段、基于互联网的供应链信息集成阶段。最近几年，随着互联网技术的发展和电子商务的应用，基于互联网的供应链信息集成方案开始在国内外得到很快的发展。互联网独特的构架为供应链上的多个合作伙伴之间同时进行多对多的协作提供了便捷的方式，与此同时，基于互联网的信息传递服务不仅使得企业内部、也使得企业之间不同信息系统得以连接起来，使得企业内部供应链和外部供应链得到了有机的整合。利用电子商务技术来实现供应链管理的主要步骤分为以下几个方面。

（1）分析企业所处的竞争环境

最大限度地满足客户需求是供应链管理的根本出发点，因此，供应链管理的第一步就应从客户的需求出发，分析企业当前所处的竞争环境，以便明确企业实施供应链管理的目的和方向。

分析企业所处的竞争环境主要是向供应商、客户及合作伙伴发放问卷调查、实地走访、举行研讨会等形式，明确诸如"客户的真正需要是什么，希望在什么时候以及什么样的价格得到满足""合作伙伴的优势在哪些方面，如何更好地开展深层次的合作"等。对这些问题的了解越深入、越透彻，越有利于供应链的实现。在电子商务条件下，企业应该把对市场竞争环境分析的工作经常化、正规化，要充分利用内联网、外联网和互联网收集分析各种信息，建立起动态数据库，随时为决策提供相应支持。

（2）制定切实可行的竞争战略

对企业自身所处的市场竞争环境有比较全面的认识后，就应根据企业所具有的竞争优势，制定切实可行的竞争战略，以便据此选择合适的竞争伙伴。对核心企业来说，供应链管理注重的是企业的核心竞争力，企业凭借自身的核心竞争力与其他企业共同构建供应链。

（3）选择合适的供应商

明确供应商选择的目标，确立供应商评估标准，建立公正的评估小组，通知初选合格的供应商参与评估，企业与供应商建立信任、合作关系。

（4）逐步完善网络基础设施

电子商务进行供应链管理必须以完善的网络设施为前提，企业内联网、外联网和互联网的集成是保证供应链高效运作的基本条件。针对目前我国传统企业信息化水平程度的总体水平还很低，企业内联网和外联网的建设还很不完善，相应的知识库和电子数据库在不少企业还是一个空白，企业的领导和管理人员需要提高认识，从提高企业对市场反应能力、增强企业竞争的角度，不断完善企业的网络基础设施建设，与供应链、代销商和各类合作伙伴共同构筑起一条高效、畅通、反应快的电子通道。

（5）加强协作，及时化解各种矛盾

利用电子商务进行供应链管理涉及众多的企业和组织，由于各自的目标和利益不同，在运作过程中出现各种矛盾和冲突是在所难免的，比如成本的分摊、利益的分配等，常常出现不协调的现象。传统企业需要加强学习和反馈，及时发现供应链管理中出现的各种问题，共同分享成功的经验和失败的教训，使利用电子商务手段管理的供应链切实成为提高企业经营管理水平、增强企业竞争力的重要手段。

第二节　电子商务在传统企业营销中的应用

在传统企业运营中，网络营销也是一个重要的环节。市场营销是对思想、产品及劳务进行设计、定价、促销及分销的计划和实施过程，从而产生满足个人和组织目标的交换。市场营销活动的主要内容包括分析环境，选择目标市场，确定和开发产品，产品定价、分销、促销和提供服务以及它们间的协调配合，进行最佳组合。

营销是传统企业管理中的一个重要职能，是传统企业对外服务的窗口，电子商务作为互联网上的商务活动，自然也离不开营销。随着网络信息快速传输，市场营销的效率和效能进一步提高，营销本身及其环境发生了变革，以互联网为核心支撑的网络市场营销(online marketing)正在发展成为现代市场营销的主流。

市场营销的核心是如何使顾客满意，也就是最大限度地满足购买者的需要和欲望，这是企业制定计划，确定营销组合策略的出发点。电子商务时代，顾客已不再作为一个整体因素而被考虑，而是一个主动的个体，是企业生产系统的部分，是如同资本、机器、员工一样的资源，甚至更为重要。企业在制造顾客价值的同时创造自身价值，得力于电子商务在网络市场营销中的应用。

第二章 电子商务在传统企业运营中的应用

一、电子商务对传统企业营销的影响

电子商务借助互联网技术不断地影响传统企业的市场营销，网络营销也就是随着互联网的产生和发展而产生的一种新的营销方式。广义地说，凡是以互联网为主要手段进行的、为达到一定营销目标的营销活动，都可称之为网络营销，狭义地说，网络营销是企业整体营销战略的一个组成部分，建立在互联网基础之下，借助于互联网特性来实现一定营销目标的一种营销手段。虽然网络营销还是构建在传统营销的学科体系之上，但通过电子商务模式后，网络营销形成了富有自身特点的学科体系。

1. 电子商务对市场营销理论的影响

在营销理论下，网络营销经过这些年的蓬勃发展，影响传统营销理论的同时，也产生并影响着一些新的营销理论。

（1）网络直复营销

根据美国直复营销协会的定义，直复营销是一种为了在任何地方产生可量度的反应、达成交易而使用一种或多种广告媒体的相互作用的市场营销体系。网络直复营销是在互联网这个虚拟空间内应用多种形式的网络广告，用以促成交易的市场营销体系。互联网作为一种交互式的、可以双向沟通的渠道和媒体，能够很方便地为企业与顾客之间架起桥梁，顾客可以直接通过网络订货和付款，企业可以通过网络接收订单、安排生产，直接将产品送给顾客。基于互联网的直复营销将更加吻合直复营销的理念。

网络营销作为一种有效的直复营销策略，说明网络营销也具有可测试性、可量度性、可评估性和可控制性。因此，利用网络营销这一特性，可以大大改进营销决策的效率和营销执行的效用。

（2）网络关系营销

关系营销的核心是保持顾客，为顾客提供高度满意的产品和服务价值，通过加强与顾客的联系，提供有效的顾客服务，保持与顾客的长期关系，并在与顾客保持长期关系的基础上开展营销活动，实现企业的营销目标。网络关系营销是利用互联网这个通信平台，加强与顾客的沟通，提供高效的服务，维护良好的客户关系，并在此基础上展开营销。

据有关机构研究，争取一个新顾客的营销费用是老顾客费用的五倍，加强顾客关系并建立顾客的忠诚度，是可以为企业带来长远利益的，是企业与顾客的双赢策略。互联网作为一种有效的双向沟通渠道，使企业与顾客之间可以实现低成本的沟通和交流，为企业与顾客建立长期关系提供了有效的保障。

（3）网络软营销

软营销理论强调企业进行市场营销活动的同时必须尊重消费者的感受和体验，让消费者能舒服地主动接受企业的营销活动。在互联网上，由于信息交流是自由、平等、开放和交互的，强调的是相互尊重和沟通，网络使用者比较注重个人体验和隐私保护，因此，企业采用传统的强势营销手段在互联网上展开营销活动势必适得其反。网络软营销恰好是从消费者的体验和需求出发，采取拉式策略吸引消费者关注企业来达到营销效果。在互联网上开展网络营销活动特别是促销活动，一定要遵循一定的网络虚拟社区形成规则，即"网络礼仪"，网络软营销就是在遵循网络礼仪规则的基础上巧妙运用达到一种微妙的营销效果。

（4）网络整合营销

根据网络的特性，利用网络平台整合不同营销策略，形成多元化的营销。在当今后工业化社会，第三产业中服务业的发展是经济的主要增长点，新型的服务业如金融、通信、交通等产业如日中天。后工业社会要求企业的发展必须以服务为主，必须以顾客为中心，为顾客提供适时、适地、适情的服务，最大程度满足顾客需求。互联网作为跨时空传输的"超导体"媒体，可以为顾客提供及时的服务，同时互联网的交互性还可以了解顾客需求并提供针对性的响应，因此互联网可以说是消费者时代最具有魅力的营销工具。

2. 电子商务对市场营销实践活动的影响

在营销实践中，网络对市场营销的作用，可以通过将"4Ps"（产品/服务、价格、分销、促销）结合发挥重要作用。利用互联网传统的"4Ps"营销组合，可以更好地与以顾客为中心的"4Cs"（顾客、成本、方便、沟通）相结合。具体来说，电子商务对市场营销的影响主要有以下几个方面。

（1）完善传统营销方式

传统营销信赖层层严密的渠道，辅以大量人力和宣传投入来争夺市场，不仅费时费力而且成本高。在网络时代，由于互联网的广泛普及，商家可以利用这个世界性的网络将商务活动的范围扩大到全球。电子商务使买卖双方在网络上形成简单易行的良好界面，使供需双方远在千里之外，通过网络像面对面一样地迅速完成交易，使各种网上交易以电子票据进行支付、清算与决算。

（2）提升企业竞争力

通过开展电子商务，网络上信息的公开性使得市场竞争更为公平，产业界限也将变得更为模糊，大企业不仅面临同行中小企业的竞争，同行企业也面临着其他行业企业的竞争，因此，如何顺应潮流，采取相应策略来再创竞争优势，已是企业经营面临的一大挑战。电子商务为企业提供了巨大的市场潜力和全新的销售方式，企业的生产首先是为信息网络生产，然后再由网络完成商品和顾客的互动。在网络的冲击下，如果企业没有创新意识，不及时更新产品和服务，就难以在网络时代生存，电子商务正是提升企业竞争的平台。

（3）改变人们传统的消费习惯

随着电子商务的发展，顾客的行为、偏好也有了新的变化。在电子商务条件下，每个顾客获得信息的速度和内容都比以往要快得多、多得多，因此他们求新求变的愿望也就越发强烈。随着新技术的不断产生，产品的升级换代也不断加快，从而导致顾客对消费品的要求也日新月异。再加上今后生活节奏的加快、工作压力的增大，顾客对购物方便及乐趣的要求也将不断提高。

（4）改变市场营销环境

电子商务使顾客购买行为日趋个性化，生产者对市场机会的反应更加敏捷，生产者与顾客直接交易的可能性在增加，中介商的作用将被削弱。同时，顾客在交易中的主导权会更加突出，而生产者的市场营销战略会强调如何更方便，及时地满足顾客的特定购买欲望。

（5）改变企业营销模式

电子营销的模式就是顾客和企业的对话，企业在清楚地了解每个顾客个性化的需求后，做出相应的企业利润最大化的策略。这样，企业与顾客之间的关系是一对一的营销关系，是密不可分牢不可破的，网络的即时交互、超越时空等特点就成为这种模式的强大技术依托。

二、电子商务在传统企业营销的应用

电子商务是系统化地利用电子工具，高效率、低成本地从事以商品交换为中心的各种活动全过程。网络营销作为促成商品交换的市场交易实现的企业经营活动管理手段，显然是企业电子商务活动中最基本、最重要的基于互联网的商业活动。

网络营销作为新的营销方式和营销手段实现企业营销目标，一方面，网络营销要针对新兴的网络虚拟市场，及时了解和把握网络虚拟市场的消费者特征和消费者行为模式的变化，为企业在网络虚拟市场进行营销活动提供可靠的数据分析和营销依据；另一方面，网络营销通过网络开展营销活动来实现企业目标，而网络具有传统渠道和媒体所不具备的独特的特点：信息交流自由、开放和平等，并且信息交流费用非常低廉，信息交流渠道既直接又高效。因此在网络上开展营销活动，必须改变传统的营销方式和手段。

1. 电子商务在传统市场营销中的作用

利用电子商务手段进行市场营销，实际上是在互联网上进行的营销活动，主要作用可以归纳如下。

（1）网络消费者购买行为分析

互联网用户作为一个特殊群体，它有着与传统市场群体截然不同的特性，因此，要开展有效的网络营销活动必须深入了解网络用户群体的需求特征、购买动机和购买行为模式。对网络消费市场进行细分和分析是电子商务成功的重要因素，可以帮助企业准确进行网站定位，并有针对性地设计网站页面形式和内容，制定相应的网站设计策略和网络营销策略。

（2）网络市场调研

利用互联网的交互式的信息沟通渠道来实施调查活动，从信息海洋中获得想要的资料信息和分析出有用的信息，大大地提高网络调查效率和调查效果。相对传统市场调查，网络调查具有高效率、低成本的特点，网络市场调研成为网络营销的主要内容之一。

（3）网络营销策略制定

不同企业在市场中处于不同地位，在采取网络营销实现企业营销目标时，必须采取与企业相适应的策略。

（4）销售促进和网络广告

互联网作为一种双向沟通渠道，突破时空限制，可以采取自由、平等和信息免费的策略，降低产品价格，增加销售数量。同时，网络广告作为重要的促销工具，依赖互联网的媒体功能，比传统媒体如报纸杂志、无线广播和电视等具有更强的交互性和直接性。

（5）销售渠道

一个具有网络交易功能的企业网站本身就是一个网络交易场所，网络销售是企业销售渠道在网络的延伸，网络销售渠道建设不限于网站本身，还包括建立在综合电子商务平台上的网络商店，以及与其他电子商务网站不同形式的合作等。海尔公司借助互联网的直接特性建立网络直销模式获得巨大成功，改变了传统渠道中的多层次的选择、管理与控制问题，最大限度地降低了渠道中的营销费用。

（6）顾客服务和顾客关系

互联网提供了更加方便的在线顾客服务手段，包括从形式简单的FAQ（常见问题解答）到邮件列表，以及BBS、聊天室等各种即时信息服务，顾客服务量对于网络营销效果具有重要影响，良好的顾客关系是网络营销取得成效的必要条件。通过网站的交互性、顾客参与等方式在开展顾客服务的同时，也增进了顾客关系。网络营销的职能勾画出了网络营销的基本思想体系，开展网络营销的意义就在于充分发挥各种职能，让网络经营的整体效益最大化。

2. 网络营销的主要手段

采用电子商务模式的网络营销，不再仅仅局限于营销部门在互联网上的商业应用，而是将整个企业经营管理模式和业务流程管理控制凭借互联网平台重新设计和构造，以适应网络知识经济时代的数字化管理和数字化经营需要。下面介绍几种常用的网络营销方法。

（1）搜索引擎注册和排名

这是最经典、也是最常用的网络营销方法之一。搜索引擎依然是人们发现网站的基本方法，因而，在搜索引擎上注册并取得最理想的排名，是企业网络营销的基本任务。

（2）网络广告

网络营销活动都与品牌形象相关，在所有与品牌推广有关的网络营销手段中，网络广告的作用最为直接。网络广告优势明显：时空无限、费用低廉、效果极佳、互动沟通、广告效果可测评等。

（3）邮件列表

通过为用户提供有价值的信息，在邮件内容中加入促销信息，从而实现营销目的。

（4）个性化营销

用户制定自己感兴趣的信息内容，选择自己喜欢的网页设计形式，根据自己需要设置信息的接受方式和接受时间。个性化服务在改善顾客关系、培养顾客忠诚度以及增加网络销售方面有明显的效果。

（5）会员制营销

会员制营销已经是被证实为电子商务网站的有效营销手段，国外许多网络零售企业网站都是采用会员制计划，国内会员制营销也处于发展初期。

（6）网络商店

建立在第三方提供的电子商务平台上，由商家自行经营的网络商店，如淘宝网，这种商店不仅为企业扩展网络销售渠道，而且通过知名电子商务网站平台上的网络商店增加了顾客的信任度，从而提升企业形象，增加销售收入。

第三节　电子商务在客户关系管理中的应用

传统企业随着市场竞争的加剧，其经营管理正遇到前所未有的挑战。没有先进的电子商务支持，客户得不到及时的服务，后继得不到及时的跟踪，企业总部掌握不了市场前线千变万化的客户信息，企业的发展战略、品牌战略因此无法顺利落地，导致企业以顾客为中心的服务战略成为镜花水月。

企业内部的一切努力，开发新产品，提高生产效率和产品质量，以及降低消耗等，都依靠顾客的购买而取得实际成效。因此，客户是企业最重要的资源。不断了解顾客需求，不断对产品及服务进行改进，满足顾客的需求，提高客户满意度和忠诚度是企业能否在市场上立足的关键。电子商务对企业客户关系管理的应用在传统企业运营中日益重要。客户关系管理是一项企业为实现长期价值最大化，对顾客进行选择和管理的战略措施。客户关系管理需要用一种以顾客为中心的企业理念和企业文化来有效地支持营销、销售和服务过程。客户关系管理软件的应用能够实现有效的客户关系管理，为企业提供正确的指导方向、战略和文化。

一、电子商务对传统企业客户关系管理的影响

电子商务时代，顾客已不再作为一个整体因素而被考虑，而是一个主动的个体，是企业生产系统的一部分，是如同资本、机器、员工一样的资源，甚至更为重要。企业在制造顾客价值的同时也在创造自身价值，这主要得力于电子商务。电子商务对传统企业客户关系管理的影响主要归纳为如下几点。

1. 增强信息对称性

电子商务使企业与客户之间产生一种互动的关系，极大地改善客户服务质量。通过互联网，企业与客户之间的双向交流是非常容易的。这可以降低企业的决策风险，使企业与上游的供应商和下游的分销商之间能够有更好的沟通，并通过客户关系管理可以使企业准确地把握客户的需求，有利于对市场的发展趋势作出正确的决策。同时，企业可以利用先进的信息技术，正确分析客户的需求，及时提供服务，从而能够在最大范围内抓住客户，提高客户的忠诚度!

2. 提高与客户的互动

电子商务促使企业密切用户关系，加深用户了解，改善售后服务。由于互联网的实时互动式沟通，以及没有任何外界因素干扰，使得产品及服务的消费者更易表达出自己对产品及服务的评价，这种评价一方面使企业可以更深入了解用户的内在需求，及时了解市场动态，调整企业产品结构；另一方面企业的即时互动式沟通，可提高企业的售后服务水平，改进客户的满意程度，促进了双方的密切关系。

3. 完善服务体系

电子商务促使企业引入更先进的客户服务系统，从而提升客户服务。在电子商务的基础上企业可以建立客户智能管理系统，企业通过它收集和分析市场、销售、服务和整个企业的各类信息，对客户进行360度的全方位了解，从而理顺企业资源与客户需求之间的关系，提高客户满意度并减少客户变节的可能性。同时，企业还可以通过获取并分析与客户所有的交往历史，从整个企业的角度认识客户，达到全局性销售预测目的，从而增加获利能力。

二、电子商务平台在客户关系管理中的应用

为了研究电子商务在客户关系管理中的应用，分析一家上市公司在展开电子商务进行客户关系管理的案例：上海柴油机股份有限公司（以下简称"上柴股份"）引入麦肯锡战略咨询，给自己换了脑筋；减员增效战略，给自己消了肿，锻造了矫健的体魄；唯独在企业电子商务信息系统，即企业的神经系统上，尚存在很多问题。

1. 服务体系反应迟钝

上柴股份在实现企业信息化，打造企业敏捷的神经系统方面，颇费心机。早在20世纪90年代，上柴股份就已经是国家"863"高新技术研究发展计划CMIS应用工程的示范单位。到2000年，上柴股份的各部门内部都有了自己的应用系统。都有信息系统是好事，但很快问题就来了：各部门的系统都是自己单独开发，仅适应于本部门业务，孤岛现象明显，有的系统甚至小到只有某个小部门的某一两个人在用。公司各部门的信息系统的集成性很差，并且都是根据开发时的当期业务需求做的，没有前瞻性，无法支持业务的迅速发展。

随着互联网在国内的普及，传统企业决心重新规划设计基于互联网的电子商务平台。售后服务环节是营销体系中的重中之重，构建新一代电子商务系统，须从售后服务环节率先突破。

2003年，在上柴股份掌管销售及售后服务的营销部，有三个只能在总部运行的信息管理系统（C/S架构，非Web架构）：主机库存及销售系统、配件库存及销售系统、售后服务子系统。当时，上柴股份的售后服务体系是这样运转的：第一步，遍布全国各个角落的用户的柴油发动机出了问题，首先打电话找当地上柴股份办事处；第二步，办事处派最近的2S商去服务；第三步，师傅服务完之后，填写一个反馈单，主要是服务里程、最终客户的基本情况，损坏情况、维修情况、服务单通过传真方式传到办事处；第四步，办事处把单子积攒起来，每个月统一给上柴股份总部服务部传真或人工带回来；第五步，总部服务部的两个工作人员将反馈单子录入售后服务子系统里，进行故障统计和用户信息查询。

这样一个售后服务体系中，由于缺少基于互联网的、全国都可以登录访问的电子商务平台支持，使上柴股份的售后服务体系处于反应迟钝的状态之中。企业的"外客"终端客户和"内客"客服部的员工均被折腾得苦不堪言：企业的终端用户，需要反反复复地跟2S商、办事处和维修人员去说自己发动机哪里坏了，怎么坏的，不胜其烦，而师傅上门维修时间总是无法保证；总部服务部的工作人员，一天到晚都忙于将那些服务反馈单填入软件系统之中，压力巨大，而这些单子又经常错漏百出——什么型号的发动机、坏了什么地方、拿

了什么配件去维修，经常是填得牛头不对马嘴；而2S商最关心的费用结算问题，总是要拖一个月等单子送回总部确认之后，再予以结算，有时一个月单子还没有回来。

2. 客服压力化整为零

上柴股份落后的客户关系管理信息反馈体系，与其打造服务型制造企业的战略无法匹配。构建基于互联网的即时互动电子商务平台，对"蜗牛式"售后服务信息反馈体系进行彻底的革命，这是2003年上柴股份面临的挑战。2003年，上柴股份开始对客户关系管理电子商务平台进行选型，开始分两个阶段推进基于联盟体资源计划（URP）思想、面向E-business3.0时代的客户关系管理电子商务平台。

第一阶段目标：采用基于Web架构的客户服务系统，以及连接上柴股份总部及全国办事处的备品备件管理系统，将客户服务的压力化整为零，分解到全国各地的服务点和销售点，包括部分客户也可以通过互联网登录售后服务平台，进行自助式服务。

第二阶段目标：全面建立以客户为中心的售后服务信息体系。一方面，通过提供更快速和周到的优质服务，吸引和保持更多的客户；另一方面，通过对企业流程的全面梳理和优化，降低企业运营成本。利用售后服务电子商务平台中的客户关系管理系统，搜集、跟踪和分析每一个客户的信息，挖掘和发现客户的交易模式，发现客户的新需求和新服务，赢得商机。

3. 新系统服务"五客"

在新规划的电子商务平台中，包括市场营销管理、直销过程管理、分销过程管理、技术支持管理、客户忠诚度管理、客户培训管理、分销管理和库存管理等组成部分。

2003年底，上柴股份客户关系管理电子商务平台上线。上柴股份从此进入了一个全新的自助客户时代，上柴股份的"五客"（员工、经销商、终端客户、投资者、媒体等服务链条上各个主体）正在享受着便捷服务流程所带来的好处。

（1）实现客户服务自动化、自助化

上柴售后服务电子商务平台连通了全国数十家办事处和300多家2S店，实现了所有售后服务申请、调度和管理实现信息化，还可随时获取所需要的各种表格和统计数据。用户报修电话打到办事处请求报修后，办事处工作人员只需要将用户序列号输入，即可调查客户所有档案信息，马上判断是上柴正品还是假冒货；同时将客户的发动机故障信息、维修请求、时间要求等信息录入系统；办事处工作人员马上在系统内进行派工，有无配件系统也一目了然，2S商得到系统派工后直接赶往现场服务，不必再打电话重复故障问题。

维修人员维修完毕后，2S商马上将维修反馈单录入系统，上柴股份总部服务部同步可以查看，无须再等到月底才将单子送回总部。总部或办事处无须担心2S商会把自己的维修反馈单弄丢或忘记录入。在系统录入维修单时都有固定的不可更改的选择格式，再也不会错漏百出，同时系统会自动生成维修费用结算单。

（2）成本中心变身利润中心

通过技术手段分析出客户最需要的维修服务，增加了维修收入来源。借助电子商务的信息平台，那些超过三包期限的客户需要付费维修，再不能浑水摸鱼。对买了地方工厂的假冒上柴股份所产柴油机的用户，也可以给他维修，不过需要付费服务，假机变成了商机。

（3）客户服务管理实现由随意无序到规范高效的转变

上柴股份的电子商务系统有一整套衡量服务网点服务能力、服务负荷量、服务网点服务区域划分以及各种优先级的系统，能帮助调度人员智能化、合理均匀地给维修工人分配任务。系统还提供一套以工作流引擎为基础的服务单执行系统，使售后服务从申请、调度到回访，实现网上即时互动的流水化作业。配件管理系统自动地给出每一项服务的费用，大大地提高了配件、耗材管理员的工作效率，从而提高了客户响应速度。对每一个服务请求，系统均设有规范的业务处理流程，会详细记录所有步骤的执行人和执行结果，通过规范服务流程来降低由于人为的因素或失误而可能造成的客户损失。

（4）实现客户服务贴身化、个性化

上柴股份电子商务系统里的知识库将服务问题、消费者反馈问题和回访问题标准化、规范化。同时系统可以完整采集客户档案信息，跟踪客户安装和维修信息，售后人员可以根据这些信息，快速地给用户提供贴身周到的服务，再不会出现客户电话里讲了多遍还搞不明白用户状态的情形。

（5）成为企业战略决策者的"千里眼、顺风耳"

维修信息及客户需求信息的完整采集、记录，给上柴管理者的战略决策提供了大量他们平时看不到听不见的市场信息，电子商务平台从某种意义上，成了企业决策者的"千里眼、顺风耳"，成为上柴股份扎根在全国用户中的灵敏而又发达的神经末梢。

第三章 电子商务背景下企业的营销管理

第一节 电子商务环境下的企业营销管理的概述

一、营销管理的概念

纵观营销活动的发展历程，企业的营销观念发挥了很大的作用，比如对待生产生活的观念，对待生活必需品的观念及如何将商品推向市场满足消费者需求的观念。企业先生产再营销的观念转向以顾客利益为核心的观念，以适应电子商务环境下企业营销管理活动的需要，在这期间电子商务环境下的企业怎样才能够把现有的产品和服务通过自己特有的手段转化到顾客需要的一端，换句话说，电子商务环境下企业的营销就是如何利用相关的手段和方法，来满足客户相关需求的活动。

进入 20 世纪 80 年代，企业除了注重产品质量和实用价值以外，营销的核心也已转向营销的服务，主要体现在两个方面：①加强了对客户和消费群体的关注，就是如何在现有市场的基础上，发展顾客与组织、组织与企业的关系，并在此基础上达到产品和价值的相互转化；②由于电子商务企业面对的是基于网络的全球性的卖场，所以产品的类型也就要不断地扩充和丰富，如创新理念、创新的方式等，这些对企业面对的产品多样化的范畴进行了扩充，这也为学者的研究奠定了基础，产品中的相关属性也渐渐被人们所重视，个性化的要求越来越多，这就为企业在网络化的全球营销的基础上参与竞争奠定了基础。

当然在今天随着网络环境的不断改善，营销的定义又有了新的补充，就是将原有的定义进一步扩充，即将营销活动当作组织的职能来推进，因为在当前电子商务环境下的企业面对的是在线的全球的客户群体，有相当大的企业合作链，新的营销理念已被合作企业链中的每个企业所认可，也就是说新的营销理念已融入企业的组织管理中去，以便更好地把营销服务和相关信息传递到客户端，使得客户价值体现到最大化，来维护现有的客户群，为发展更大的潜在的客户群体努力，这不仅要有好的营销管理团队，而且还要有先进的管理理念，达到企业与客户相互满意，实现共赢。

综上所述，营销管理是为了实现企业或组织目标，建立和保持与目标市场之间的互利的交换关系，而对整个营销全过程的分析、规划、实施和控制。企业营销管理活动中最主要的问题，就是企业和客户之间的需求管理，只对各自的需求环节进行有效的协调（如需要水平、需要时机及需要性质）。

在电子商务环境下企业的各种营销管理过程中，企业必须要做好前期的市场调查，预测当前市场的潜力有多大。但是由于电子商务环境下的企业常常面对的是一个多变的、未知的市场，因此各种实际的运行结果肯定与前期的预测有很大的差距，要么超出预期，要么低于预期，这就要求企业必须结合当前市场的现实情况，制定不同的营销对策。结合当前的问题我们应该搞清楚营销管理到底具体管什么？这还是要回到营销的本质上来。因为社会的生存和发展离不开人和企业，都希望通过价值转换的方式获得自己想要的东西，也就是说营销的出发点就是通过一定的市场规则完成交换，满足各自的需求。营销活动也就是完成这项满足各自需求的交换过程。因此基于网络的电子商务环境下的企业存在的价值，就在于在网络市场和传统市场中为顾客提供能满足他们个性化需求的产品和服务，在等价交换的基础上双方愿意交换。因此个性化需求以及定制生产是电子商务企业营销活动的基础，完成需求的交换只是一种手段，两者不可或缺，当然营销管理就是个性化需求和相关产品生产销售的管理。

二、营销管理的产生与发展

营销管理的发展是伴随着市场营销的发展得来的，主要经历了市场营销的萌芽期（19世纪中叶至20世纪20年代）、市场营销的成形期（20世纪的20年代至40年代）、市场营销的成熟期（20世纪50年代之后），在此期间，出现了一批对于市场营销学说的发展具有重要贡献的营销学者，其中，最值得推崇的是杰罗姆·麦卡锡（Jerome Mecartry）和菲利浦·科特勒（Philip Kotler）。

1960年，麦卡锡和普利沃特合著的《基础市场营销》第一次将企业的营销要素归结为四个基本策略的组合，即著名的"4Ps"理论，这一理论已取代了此前的各种营销组合理论，成为现代市场营销学的基础理论；菲利普·科特勒于1967年出版了《营销管理——分析、计划与控制》一书。从企业管理和决策的角度，系统地提出了营销环境、市场机会、营销战略计划、购买行为分析、市场细分和目标市场以及营销策略组合等市场营销的完整理论体系，成为当代市场营销学的经典著作，使市场营销学理论趋于成熟。随着营销实践的不断发展，市场营销学的理论的发展也十分迅速。麦卡锡和科特勒的著作都是每隔三年左右就重版一次，在理论上不断有所创新，如菲利普·科特勒在1991年《市场营销学》的第七版中增加了"营销计划背景分析""竞争者分析"和"服务营销"等内容；在1994年的第八版中讨论了"营销近视"的问题，并提出了"通过质量，服务和价值来建立顾客满意度"；在1997年《市场营销学》的第九版中，又讨论了"21世纪营销"的新内容——"网上营销"（online marketing）；而在2000年出版的"千禧版"中则对网络营销、电子商务等因高科技的推动而发展起来的新的营销方式作了更为全面而深入的分析。正如科特勒本人所提出的，市场营销的概念不是太多而是远远不足，随着市场营销实践的发展，市场营销学的理论将会变得越来越丰富。为了能更好地为企业服务，营销管理也将随着传统的市场营销和网络营销的发展而被人们重视。

三、电子商务环境下企业营销管理的变化

1. 营销主体对象变化：适合现代顾客的个性化营销代替了传统的以产品为中心的规模化营销

由于电子商务环境下的企业的营销活动是建立在以每位顾客群体为基础的市场细分基础上的，这个客户群体可以是集体也可以是个人，市场的规模空前膨胀，当然面临的挑战也就更为激烈。这是传统企业没有办法比拟的，另外虚拟市场借助于网络使得营销的时间和地域都更为宽广，打破了传统市场的各种限制条件。用户的选择余地大大增加，因此企业可以利用现有的网络条件和技术，合理引导潜在的网络客户群体，给予更好的个性化服务。这样参与虚拟市场营销的人员就必须掌握个性化的销售信息的应用，说服客户，转化为顾客购买。

2. 营销内容变化：以"4C"为主要内容的营销理论代替了以"4P"为基础的传统营销

电子商务环境下的企业的营销活动具体的目的就是能让顾客以低廉的成本，便利的时间和地点，通过跟企业的销售人员进行合理的沟通，最后完成购买过程。当然对于企业来说，就必须通过跟顾客的有效沟通后尽快地获取市场流行什么，顾客需要什么，以便企业自身和顾客实现双赢。

3. 营销方式变化：由传统的市场营销转向基于网络的直接营销

基于网络的直接营销避免了传统营销中的各种问题：①中间商的环节逐渐淡出了市场的流通，企业直接跟客户进行有效的沟通，了解客户需求，掌握市场销售信息，能更好地把握市场信息，为预防突发事件提供帮助；②由于中间环节的取消，商品的价格更加低廉，竞争的优势也就越大；③由于直接针对客户进行营销，所获取的信息更为准确，使得营销效果能够真实地衡量、评价和控制，促进营销方法的改进，使营销效率得以提高。

4. 营销组织体系变化：虚拟营销组织替代了以实体为主的营销组织

在网络环境下虚拟的组织表现出了如下特点：①专业化：由于虚拟市场的无界性，企业不用再花更多的时间去进行传统的市场推广，这样节省了大量的时间和成本，以便其做更适合网络客户资源的更专业、个性化的工作，使顾客得到实惠；②合作化：企业结合自身特点，加强去其他企业的合作，以弥补自己的不足；③分散化：利用网络环境使得企业内外部的资源得到有效的整合，以便把所有精力都投入企业核心上，而传统以实体为主的营销组织是没法比拟的。

5. 基于网络的沟通方式变化：实现了双向的多媒体沟通

基于市场营销的手段只能借助传统信息传播模式，如在电视广播、报纸杂志、户外媒体等投放广告来传递信息。电子商务环境下的企业则可以借助网络平台，利用多媒体技术，与用户实现即时沟通，使得企业和客户双方都有发言权；同时所有的商品信息也能够通过多媒体平台以影像的形式展现给大家；如果遇到问题也能够得到合理的协商解决，也就是能够实时地为企业和客户服务。这些都是传统环境下的企业所不能达到的。

四、营销管理在电子商务环境下企业中的地位

1. 对营销管理在电子商务企业中地位的错误认识与偏见

营销管理在企业中的地位在很长时期中是一个模糊的问题。在最初阶段，很多企业都把营销管理理解为市场营销，仅作为一种有助于产品销售增长的策略和手段，至今为止，中国的很多企业仍然是将营销部（市场部）同销售部合二为一的（这在西方企业市场营销产生的初期阶段也是如此）；当人们认识到以顾客需要的满足为导向的市场营销观念应当成为企业的一种经营哲学，而对企业的整体经营活动产生影响时，又出现了将市场营销的地位不恰当地提高的倾向，如有不少人认为，市场营销应当是企业决策层次的指导思想，而不是执行层次的工作。对市场营销在企业中地位认识的不正确，必须会给市场营销在企业中的运用带来影响。

组织的抵制是影响营销管理在企业中运用的主要方面。当一个企业建立了市场营销部门以后，经常会发生同其他各部门（如生产、研发、财务等）之间的摩擦。原因在于，市场营销强调企业的全部经营活动必须以市场为导向，以顾客需求的满足为核心，这就在一定程度显示出市场营销职能似乎比企业的其他职能更为重要。当市场营销部门事实上只是一个同其他部门相并列的部门时，其他部门是难以接受这种相对重要性的认识的，所以往往会对市场营销部门所提出对企业整体经营行为有影响的计划和方案采取消极和抵制的态度，这就使得一些营销计划和方案很难得到落实。

营销业绩的隐含性也是影响市场营销在企业中运用的重要原因。营销活动包括市场的调研分析、对企业和产品的定位，以及采用各种营销策略，而最终表现出来的则是产品销路的扩大和销量的上升。但企业产品销量的变化往往又是受多种因素综合影响的，如还有产品开发的成功、推销人员的努力等等，而其他因素看起来似乎比营销活动因素对于销售的影响更为直接，所以如果企业的经营者及其他有关人并未真正认识到营销在提高企业经营效益方面关键作用的话，就很可能忽略营销在产品销售增长过程中所起的作用，甚至会认为营销活动是多余的。一些企业的经营者不愿意单独设立市场营销部门，大多也是由于其认为这是一个只有投入而没有产出的部门。

从顾客需要出发开展经营的复杂性也是企业经常会遗忘市场营销的这一基本准则的重要原因。从顾客需要出发开展经营必然要求企业广泛而深入地开展市场调研，对市场进行认真细致地分析，并在此基础上调整和改变企业的经营计划，有时还会迫使企业不得不放弃其长期经营的基本业务，投入其所不熟悉的新的领域。这一切相比于从企业已有的资源和产品出发去开展经营活动要复杂得多，困难得多。所以往往一旦企业的经营状况良好，产品销路顺畅时，就会遗忘市场营销的观念和原则，回到以企业为中心的经营方式上来。但恰恰是在这种情况下，市场营销是最能发挥作用的。因为在企业经营良好，资源充裕的情况下，投入新的市场机会的开发是最容易获得成功的，成本也是最低的，但许多企业往往在这个时候忽略了市场营销；而当企业经营恶化、资源枯竭的时候，作再多的营销努力，有时也是收效甚微的。所以营销真正能在企业经营中显示出它的神奇功效有时也是很不容易的。

2. 对营销管理在电子商务企业中的地位正确的理解

由于电子商务环境下的企业市场环境发生了很大的变化，要赢得市场，就必须正确对待营销管理在企业中的地位，因为营销管理是衔接市场和企业之间的桥梁，要有好的市场前景，就必须从营销管理的角度出发，进行调研和分析，确定企业将来的市场方向，做到未雨绸缪，防患于未然。同时我们还要关注企业营销管理和其他业务管理之间的系统协调性。通过企业营销所涉及的各个方面因素确定企业目标市场，并以此为导向以满足顾客需要为中心来开展企业的经营活动，是在一定的市场环境条件下对企业经营活动的一般规律和普遍要求，企业每一个层次和每一个部门都应当建立起这样的意识；然而这并不显示出市场营销的特殊性，因为从企业财务的角度完全可以要求整个企业的人员都必须建立起成本和效益的意识；从产品研发的角度也可以要求企业的各方面都能为产品的创新和推广做出努力。

当然企业的经营活动离不开企业中的总体规划，只是在企业运作过程中，不同的分工而已，但是营销计划确定后将影响企业的经营活动，所以企业要根据实际情况，制定切实可行的营销战略计划，然后根据不同的社会分工和企业的从业性质，来确定企业近期和长远的任务，这些都要归于营销部门的努力。在以市场为导向的营销观念指导下，后者对前者的影响也会变得越来越重要。

五、营销管理的具体任务

电子商务环境下企业的营销工作只是企业全部经营活动中的一部分。因此，营销的计划与管理也必须在企业战略计划的指导下进行，并同企业的战略计划保持一致。新的营销观念对企业所有的经销活动都在市场引导下有了新的认识，主要是价值服务的传递有了新的思路。

因此，所有的有关企业营销的活动在产品生产之前就开始了，即首先要通过对市场需求的分析，市场机会的发现以及目标市场的选择，来对所提供的产品或服务进行价值定位；而产品和服务的开发、定价、制造和分销的过程则是在价值定位指导下的价值提供过程；依附于产品和服务上的价值能否为市场所接受，还依赖于人员推销、营业推广和广告等。

营销价值通过网络传播的过程中，应该认识到，市场永远是通过业务的进程运行的。综上所述，营销管理主要包含分析市场机会、选择目标市场、策划营销战略、设计营销方案和实施营销等五个方面。

1. 分析市场机会

电子商务企业借助网络进行网络市场分析、市场评价和掌握市场营销机会是营销管理的核心任务也是首要任务，因为企业只有捕捉到适当的市场机会才能使其业务有新的发展，只有在收益较大的市场机会上进行投入，才能获取较高的经济效益。成功的企业往往是由于其善于发现和捕捉各种市场机会，从而才能不断地创造新的产品，开辟新客户群。

要很好地掌握市场机会，关键是对市场机会要有正确的认识。市场机会应当是一种消费者尚未得到满足的潜在需要。有些企业总是把暂时供不应求的产品作为一种市场机会，而等到它把产品生产出来以后，该产品却已经从供不应求转为供大于求。所以企业更应当关注的是市场中尚未有适当产品予以满足的那些需要，这样才能使企业在市场上居于领先地位并获得较大的收益。

市场机会主要分为：①显现型市场机会；②前兆型市场机会；③突发型市场机会；④诱发型市场机会。

2. 选择目标市场

在面对企业的全新的市场环境时，作为电子商务环境下的企业应该针对不同的客户构成，来对其进行合理的分析，确定自己要选择的目标市场，了解客户最迫切的需求信息，并寻求其中的差异化，找到最受顾客欢迎的并最容易接受的营销方式。把自己的产品和服务推向客户，让客户有雪中送炭的感觉，这样就需要我们对目标市场进行细分、选择和定位。

3. 策划营销战略

策划营销战略发生在前两个阶段之后，它的目标是使企业的营销有明确地指导思想，并且对营销过程中的重大问题给予相应的安排。它受企业业务战略计划的指导。它是开发产品的策略的具体化。营销战略对新产品的开发、品牌的管理与经营、市场的进入、市场的布局以及市场的促销等方面都要做出具有新意和实效的战略策划，以保证企业的营销目标能够顺利实现。

策划营销战略具有阶段性，所以为了使产品在市场中占有一席之地就应当有重点、分层次地进行推进，每个阶段必须完成好，重点阶段要重点把握。并且阶段与阶段之间要衔接好。

策划营销战略也要明确企业在整个市场中的地位具有差异性，要根据自身企业实力加以确定，一个刚兴起的企业不宜将目标定得过高，否则就会因其所累，达不到预期目标，使企业的士气受损。

4. 设计营销方案

营销战略的实施必须转化为具体的营销方案。营销方案规定了营销活动的每一个步骤和每一个细节，从而可付诸实施。营销方案中一般至少应包括具体的营销活动、营销的费用预算、营销资源的分配。

①具体的营销活动。具体的营销活动包括对产品开发、定价开发、渠道选择、后勤保障、人才培养、广告促销和宣传活动。营销策划不应该只限于这些活动的具体设计和安排，还应该强调的是，它们之间的协调与合作，形成整合效应。

②营销预算。营销目标得以实现，必然需要相应的投资作为营销成本。营销费用的提取和控制，可根据销售比例，也可以根据实际需要，有时甚至要根据竞争对手的营销费用水平，以求竞争力量的平衡。在预算销售费用时，要避免过于同已有的业绩挂钩，因为有时在销售不好的情况下，需要更多的努力以增加销售，营销费用预算实际上可能会更高。

③营销资源分配。在具体的营销计划中，应对营销资源（包括营销费用）在各项具体的营销中心进行合理的分配，以形成整合营销的效果，营销资源的分配的不仅要考虑在各种策略工具（如产品，定价，分销，促销）中形成合理的结构，而且要考虑在不同的区域市场中的合理配置；有时还要考虑在不同的阶段和时期中的适量投入，以形成营销活动的节奏感和连续性。

5. 实施营销

在电子商务环境下，如何实行和实施营销计划显得尤为重要，就以当当网为例，要实施营销计划必须有一个决策层的领导分管该项工作，即抓好营销部门及市场推广部门的协调工作，并根据部门的不同，组建相应的销售团队，以使整个营销活动能得到组织和实施，同时做好营销活动的进程管理，如什么时间实施什么、预期结果是怎样的、营销的质量怎样去评估、主要营销项目的责任人是谁、怎样去考核等，以保障企业的整个战略的实现。

第二节 电子商务环境下企业营销战略

一、企业营销战略的概述

1. 战略管理理论

作为电子商务环境下的企业现在所面对的环境更为复杂，已经超出了传统企业环境范围，即外部环境更为复杂，不仅要做好自己的战略实施，还要应对外部的冲击，同时企业内部的协调也将更加困难，但是为了实现既定的企业目标，企业就必须做到以下3点。

①战略分析。了解电子商务环境下企业所处的竞争环境，以及与文化和利益相关者的期望，清楚企业自身资源和战略能力。

②战略选择。企业能对自己制定的可行战略方案进行有效评价和选择，并最终确定能够带来利益的战略方案。

③战略实施。企业结合自身的特点采取一定步骤、措施，发挥战略指导作用。计划和分配资源，进行组织结构的设计，管理战略变革是保障战略实施的主要措施。

电子商务环境下的企业的战略管理也是在传统企业战略管理的基础上发展起来的。20世纪60年代的钱德勒（Chandler）、70年代的安德鲁斯（Andrews）、80年代的波特（Porter）这些学者所提出的不同的理论观点，先后影响着企业战略管理的制定；直到进入20世纪80年代后期真正的战略管理理论体系才形成；当然进入21世纪以来在网络环境下，企业战略理论体系又遇到了新的挑战。

在互联网络技术高速发展的今天，战略的概念主要分为：基于网络的企业战略、基于网络的业务战略和基于网络的智能战略。战略的实施也主要开始关注自身的经营范围，从市场结构和成本控制方面来考虑自己的经营方式，怎样分配自己的资源，主要包括网络资源和传统资源等，怎样参与竞争，如何满足客户的需求的个性化，如何转变营销模式，由传统的营销机制逐步转向基于网络市场的营销机制，并如何根据形影的订单组织生产，使得企业在新的战略理论思想的指导下，为企业的营销部门、财务部门、人力资源部门以及组织生产和研发提供相应的支持。

2. 营销战略的内容

（1）企业战略和营销战略

企业战略是企业以未来为基点，根据外部环境的变化和内部资源的特点，为寻求和维持竞争优势而做出的有关全局和长远的重大筹划和谋略。它具有全局性、长远性、纲领性、竞争性、稳定性、风险性等特征。

电子商务环境下企业战略主要以网络市场为开发重点，也是电子商务企业生存和发展的切入点。怎样适应市场的变化，这是企业首先应该考虑的问题，只有分析清楚自己的优势和劣势，来制定相应的对策，才能扬长避短，增强自身的竞争力。

（2）营销组合战略

在新的市场环境下，企业要面对的是自己的产品如何推向市场，并被顾客所接受，这就要注重产品的各种属性组合如特色、样式、售后服务等，同时也要注重根据不同事件和节日来调节促销的策略如折扣、按揭等，另外还要注重物流与供应链中各个环节的建设如场所、渠道仓储和运输等，以便进行合适的产品推广。

二、电子商务环境下企业营销战略的制定

（一）营销产品的差异化战略

现在电子商务环境下的企业，在目标市场上的竞争对手是全球化的，企业自身是这一目标市场下唯一企业的可能性就不存在了，利用价格的确定获得利润也就不可能了。因此，要有竞争性，企业就必须使其市场提供物不同于竞争者。如果它能有效地使其产品差异化，就能定一个较高的价格。差异化使企业得以享有高价所带来的厚利，其根本原因在于顾客认识到提供物上的额外价值。

对于公司提供物的差异化有4条大路可走。一个企业可以通过使提供物更好、更新、更快或更便宜创造价值。"更好"意味着企业的提供物超过了竞争者。它一般包括了在某一细节中改进了企业的现有产品。"更新"意味着解决了以前产品存在的问题。它通常包含了比简单改进有更高的风险，但也能获得更高的收益。"更快"意味着在使用或购买一个产品或服务时，减少了操作时间或交货时间。最后，"更便宜"意味着用较少的钱得到同样的东西。

企业在对其产品进行差异化时，如果仅仅只削减它们的成本和价格，这是错误的。首先，一个比竞争对手"更便宜"的产品经常被怀疑质量不好，即使它是好的。其次，企业为了降低价格经常削减服务内容，它使购买者感情上疏远。最后，竞争者以发现更低的成本生产地点为基础，经常推出更"便宜"的提供物。如果公司不能区分它的提供物在任何其他方面比竞争者更便宜，它就要输给竞争者。

电子商务环境下的企业将其提供的市场产品与竞争者差异化主要通过四个基本方面：产品、服务、人事或形象。下面让我们深入地讨论这些特定的工具。

1. 产品差异化

作为电子商务环境下的企业，其市场产品主要以中低端为主，因此就为产品差异化的

实施奠定了基础,因为一些高度标准化的产品很难差异化。产品差异化主要表现在特色、性能、一致性、耐用性、可靠性、可维修性、风格和设计等方面。

（1）特色

特色就是产品的基本功能的某些增补。大多数产品都具有某些不同的特色。产品最初是一个光秃秃的原形。公司可以通过增加某些特色而创造出另一个产品形态,如一些个性的外形、颜色及附加功能等。

（2）性能质量

性能质量是产品主要特点在运用中的水平。例如,一台由数字设备公司生产的中型计算机较之一台由通用资料公司生产的计算机处理速度更快和拥有更大的记忆能力,则前者性能优于后者。贵重产品的购买者通常会对不同品牌的产品进行性能方面的比较,只要价格没有超出顾客的理解价值,他们愿意付较高的价钱购买性能良好的产品。

（3）耐用性

耐用性是产品的预期的使用寿命。例如,富豪公司声称其汽车享有最长的平均寿命,因此较高的售价是正当的。买方愿出较多的钱购买比较耐用的产品。但是,这将受到一些限制:价格不能过高。此外,时髦产品或一些技术更新较快的产品不在此例,因为在购买这些产品时,买方不会为产品的耐用性付更多的钱。所以在广告中宣传一台个人计算机或一架摄像机如何经久耐用,其意义十分有限,因为这些产品的特色和性能经常不断地在变。

（4）可靠性

可靠性就是在一定时间内产品将保持不坏的可能性。所以,如果凯迪拉克汽车一个月内在某些重要方面不出故障的概率为90%,而雪佛莱为60%的话,则前者比后者可靠。购买者愿出较高价格购买在可靠性方面享有盛誉的产品,他们想减少故障而引起的修理费用和时间的浪费。

（5）可维修性

可维修性是一个产品出了故障或用坏后可以修理的容易程度。所以一辆由标准化零部件组装起来的汽车容易调换零件,其可维修性也就高。理想的可维修性是用户可以花少量的甚至不花钱或时间,自己动手修复产品。买主也许只要简单地将坏掉的零件取下来,换上好的零件就行了。或者退一步,有些产品可能需要进行一次诊断,用户可以通过电话通知维修人员修理,或维修人员可以通过电话直接告诉用户如何修理。在通用电气公司派出修理员修理家用设备以前,公司和用户努力通过电话解决问题。在超过50%的情况下,这项改进使公司和用户都节省了金钱并增加了用户对通用电气公司的好印象。最糟的是当产品出了故障,用户要求提供维修服务时,要等好长时间服务人员和零部件才来。

（6）风格

风格是产品给予顾客的视觉和感觉效果。现在由于进行电子商务购物的人大多是年轻人,因此在风格方面企业要下功夫去迎合年轻人追逐个性的特点。

在风格差异化中,我们必须包括包装这一环节,尤其在食品、化妆品、卫生用品和小型的消费品方面。包装是顾客对产品的第一印象,它能影响顾客"购买"或"退出"。

2. 服务差异化

除了物质产品差异化以外,企业也可以对其所提供的服务进行差异化。当物质产品较难差异化时，要取得竞争成功的关键常常有赖于服务的增加和服务的质量。服务差异化主要表现在送货、安装、用户培训、咨询服务、修理等方面。

3. 人员差异化

电子商务企业可以通过聘用和培养比竞争者更好的人员来获得强大的竞争优势。主要表现是对顾客热情友好，尊重别人，体贴周到；诚实可信；能始终如一、正确无误地提供服务；能对顾客的请求和问题迅速作出反应以及理解顾客并清楚地为顾客传达有关信息。

4. 形象差异化

对电子商务环境下的企业而言即使竞争产品及其服务看上去都一样，顾客也能从企业或品牌形象方面得到一种与众不同的印象。主要表现在下列几个方面。

（1）个性与形象

成功品牌的个性并不是来自它自己。它是有意识的个性建立方案的结果。该个性建立工具是名字、标志、符号、气氛、事件。这个工作将有希望创造设计品牌形象。但它应对个性和形象进行区别，这是很重要的。个性是公司确定它自己使公众容易认识的一种方法。形象是公众对公司的看法。公司设计它的个性是为了树立公众形象，但是，在确定公司每个个性形象时，其他因素也会介入。

企业要在形象中寻求某些特色。它必须传达一个特定的信息，这个信息包含产品的主要优点和定位。它必须通过一种与众不同的途径传递这一信息，从而使其与竞争产品相区分。它必须产生某种感染力，从而触动顾客的心和头脑，尤其是在电子商务环境下。

（2）标志

一个强烈的形象包括一个或几个识别公司或品牌的标志。公司和品牌的标志语应被设计成能即刻辨认的。公司可以选择具有某种特性的动物来象征其组织的某种特性。

（3）文字和视听媒体

所选的标志必须通过各种广告来传达企业或品牌的个性，尤其是在网络环境下。广告可尝试创造一个故事梗概，一种情绪，一种与众不同的表演。信息还应能在如年度报告、小册子、商品目录等出版物上重现。

（4）气氛

一个组织生产或传送其产品或服务的场所是另一个产生有力形象的途径。海特旅馆通过它的艺术画廊营造了一个形象，维多利亚饭店则利用其箱形汽车树立形象。一家银行希望显得十分友善，就必须选择适当的建筑设计、内部设计、布局、颜色、材料和家具摆设等。

（5）事件

企业可以通过由其资助的各类活动营造某个形象。

（二）新产品的开发战略

随着网络购物各个环节的不断健全和完善，企业也认识到定期开发新产品和新服务的必要性及其优点。尤其是产品进入成熟期和衰退期的产品必须用新产品取而代之，以迎接市场的挑战，不至于因为产品过时出现销售断层，也为企业获利提供坚实的基础。

然而，新产品的开发可能会失败。创新的风险和将获得的报酬对等发展。创新成功的关键在于发展较好的组织安排，在新产品开发过程的各个阶段中，正确处理新产品构思，发展健全的研究和决策程序。当然作为新产品的开发来说，像海尔做得就比较好，主要有：通过获取客户需求信息得到创新的构思，并进行筛选，同时进行营销战略发展的制定，做好市场前景的分析与预测，开发出适合顾客需求的产品，进行市场推广，然后达到市场销售量趋于稳定的产品，如果不符合要求或存在缺陷则寻找相应的替代品，并让其慢慢淡出市场，使企业的风险降到最低。

对于新产品，消费者有不同的响应率，它取决于这些消费者的特点和该产品的特征。因此企业在对待新产品的问题上应该努力使自己的新产品能吸引潜在的早期采用者，挖掘新的潜在客户，让客户的价值效应最大化，特别是那些具有"意见领袖"特点的人们。

（三）产品生命周期战略

无论是传统市场还是现在的虚拟市场，产品与市场都有生命周期，这要求电子商务环境下的企业随时改变营销战略。每一项新需求都有一个需求生命周期，即经过出现、加速成长、缓慢成长、成熟和衰退几个阶段。每一项满足这种需要的新技术的出现都会显现需求技术生命周期。某种给定技术的特定产品形式也会出现生命周期，包括作为产品形式的品牌。

许多产品的销售历史遵循由四个阶段组成的 S 型曲线。第一阶段的特点是新产品投入市场，处于试销阶段，生长缓慢和盈利能力最低。在这个阶段，电子商务环境下的企业必须尽快采取措施加强宣传与促销，努力增加销售额。产品被成功介绍后，进入销售量快速增长的成长阶段。在这一阶段，公司努力提高产品质量和生产能力，努力开拓新的细分市场和分销渠道，产品价格略有下降。其次是销售量缓慢增长和利润稳定的成熟阶段。企业寻求恢复销售量增长的创新策略，包括市场，产品和营销组合的改进。最后，产品进入衰退阶段，在这一阶段，几乎无法阻止销售量和利润的下降。公司的宗旨是找出真正的薄弱产品，然后分别继续发展，实现产品更新换代的一种策略。最后，公司以最小的代价，逐步淘汰疲软的产品。

产品生命周期理论必须用市场演进的理论加以补充。市场演进的理论认为，当一种产品创造出来供应未满足的需要时，新市场就出现了。创新者经常为大宗市场设计一种产品。竞争者用类似产品进入市场，导致了市场成长，接着，增长速度放慢，市场就进入了成熟期。然后市场进入了日益增长的分裂阶段，直到某个公司引进一项强大的新属性为止，这时市场被结合成少数几块大的部分。由于其他电子商务环境下的企业不断仿制这些新属性，这个阶段不会持续很久。市场进入再结合和分裂这两个阶段的周而复始的循环；市场再结合的基础是创新，而分裂的基础是竞争。最后，一种更优良的新产品形式被发现，原产品市场最终衰退。

所以电子商务环境下的企业必须努力预测市场所需要的新属性。利润属于早期采用新的和有价值利益属性的企业。新属性的寻找可以根据经验行为、直觉、辩证思考或需要层次理论。成功的营销来自对市场演进潜量创造性地想象和具体化。

（四）全球营销战略

当今在网络环境下的企业不论多大，在网络市场中，其竞争形式是一样的。只是许多产业是全球性产业，那些在全球营销的公司生产成本低和品牌知名度高一些。网络环境使得保护主义的措施被打破，优质产品也相继进入市场，公司的最佳防御战略就是在全球市场中发动有效的攻势。

由于传统市场受到汇率波动、政府动荡、贸易保护壁垒、调整产品和通信方式费用高及其他种种原因的影响，全球营销充满风险。但是，在网络环境下国际化产品的生命周期表明，即在许多产业中，其相对优势会从成本高的国家转向成本低的国家，因此，企业不能仅仅面向国内，指望维护其市场。由于网络市场营销有潜在利益，也有其风险，因此，公司要利用系统的方法进行网络营销决策。

第一步，企业先要了解国际营销环境，特别是要了解国际贸易的体系，在分析某个具体外国市场的时候，要考虑它的经济环境、政治与法律环境和文化特征。第二步，企业要考虑，它的网络销售额将要占其总销售额的多大比例，是介入少数几个国家市场抑或介入许多国家的市场，打算进入什么样的市场。第三步，企业要决定进入哪个特定市场，这就需要估计可能的投资报酬率和风险水平。第四步，企业必须决定如何进入每一个有吸引力的市场。许多企业是从间接或直接出口开始的，然后发展为许可证贸易，合资经营，最后直接投资。电子商务环境下企业的这种发展称为网络国际化进程。公司还必须决定应在多大范围内调整产品、促销、价格和分销，以适应全球化的网络市场。第五步，公司还得为实现国际营销的需要设立一个高效率的机构。大多数企业开始时设出口部，然后逐步发展为国际事业部。有一些企业后来成了全球公司，也就是说，它是由最高管理当局以全球为基础进行统一计划和管理的。

第三节　电子商务环境下企业营销策略管理

一、电子商务环境下企业的营销机会

现在随着网络技术的不断完善及以网络资费的降低，上网企业和上网人数在不断增加。从网民的使用目的来看，网络应用行为可以划分为信息获取类、交流沟通类、网络娱乐类、商务交易类四种，基本涵盖了目前的网络新闻、搜索引擎、即时通信、博客、网络游戏、网络音乐、网络购物、网上支付、网络金融等具体应用类型。新的商品和服务需求也越来越多。作为电子商务环境下的企业不但要做好传统市场的营销活动还要加大网络市场客户群体的营销活动，但是如何进行营销和何时进行营销，这是企业营销机会必须要考虑的问题。电子商务环境下的企业营销机会指企业营销管理人员通过传统和网络市场的扫描，分析市场的各种因素确定推出新的产品或服务，并能吸引客户认知并购买，使企业获得收益的时机。

1. 企业营销机会的确定

（1）通过传统和网络市场导向的战略计划确定营销机会

随着社会的不断发展，尤其是电子商务环境下的企业就更应该注重市场导向尤其是网

络市场的战略计划的制定，把企业的组织目标、技能、网络资源和千变万化的网络市场结合起来，使其保持一种可行的网络适应性过程，不断地塑造和调整企业业务和产品的研发和推出，同时根据需要协调好适合网络市场的企业层、部门层、营销层和产品层之间的关系，把握好企业短期和长期的目标，制定适合企业发展的营销计划，设计营销战略，计划营销方案，同时分析企业自身的优势和劣势及外界的威胁，发现适合企业营销的最好机会。明确企业当前的营销使命是什么，在相关行业如何取胜，根据企业的战略和财务情况找准营销的目标是什么。

（2）通过收集市场信息和市场需求确定营销机会

现在信息已是一种商品，对企业的重要性越来越重要，谁掌握信息谁就会获取更大的市场。电子商务环境下的企业在信息获取方面更有得天独厚的优势：每一个企业都可以在自己的门户网站上建立销售系统、营销情报系统、营销调研系统、CRM等可以实时获取商业信息、分析信息，通过克服一切干扰因素获取有用的信息，了解当前客户的需求以及潜在的客户需求；通过企业不同时期的销售情况、产品用户的需求对比，可以对总的网络市场潜量进行一个合理的预测，以挖掘出更大的网络市场潜量；同时客户可以跟企业实时的实现在线互动，这样更容易获取市场信息以及客户需求，企业可以正确地做出决策，发现营销机会。

（3）通过扫描企业营销环境确定营销机会

互联网已经迅速成长为影响社会大众的一个"超级媒体"，而且意味着利用互联网来推进企业营销已经成为可能。作为电子商务环境下的企业，我们更应该了解企业当前的外部环境如消费者市场、企业市场和同行业的竞争者，以及在当前的网络环境下人文、经济、自然、技术、政治和文化因素的构成及影响力，进而得出自己在市场中所处的位置。同时对市场发展的趋势能够有很好的预测，获取适合自己企业的产品和服务推出市场的策略和时机。

（4）通过分析网络消费者市场和购买行为确定营销机会

营销的目标是使目标顾客的需要和欲望得到满足。而消费者行为研究主要指研究个人、集团和组织究竟怎样选择、购买、使用和处置商品、服务、创意或经验，以满足他们的需要和欲望，因此理解消费者行为和认识顾客绝不是一件容易的事，尤其是在网络虚拟环境中，顾客的内心世界和需求更不好预测和把握，这就要求营销管理者及时分析影响消费者购买需求的诸多因素如文化因素、社会因素、个人因素及心理因素等，得出购买决策中的发起者，影响者，决策者、购买者和使用者，以确定消费者属于哪一种购买类型，即复杂的购买行为、减少失调感的购买行为、习惯性的购买行为和寻求多样化的购买行为等，以确定营销的时机和实施计划。

（5）通过分析企业市场与企业购买行为确定营销机会

企业市场指的是包括所有购买商品和服务，并将它们用于生产其他商品或服务，以供销售、出租或供应给他人的组织。它与向消费者市场的区别就是购买者比较少，购买量较大，供需双方关系密切，购买者在地理区域上集中，需求缺乏弹性，需求波动大，采购专业性强，影响购买的人多，常采用直接采购，互相购买及租赁等方式。因此要获得较好的营销时机，管理者就要分析组织购买者面临的是怎样的购买形态，谁在参与企业购买过程，对组织购买者的影响因素有哪些，同时还要了解企业购买者是如何做出采购决策的，他们的采购决策的初衷是什么，机构购买者和政府代理商通常是怎样采购的等。销售管理者只有了解了组织的需要、资源、政策和购买过程才能很好地把握营销时机。

（6）通过企业参与竞争确定营销机会

今天，竞争不仅普遍存在而且逐年激烈，电子商务环境下的企业要想在相关行业市场获得生存和发展就必须积极参与市场竞争，这就对企业营销人员提出了更高的要求，尤其是当前电子商务环境下的企业不仅面临传统市场的挑战，同时也正受到网络市场的冲击，怎样才能实现网络和传统市场共赢，我们就必须通过调查和研究分析谁是主要竞争者，他们的战略、目标、优势和劣势，反应模式是什么。根据以上情况设计好自己的竞争情报系统，确定市场领导者、挑战者、追随者和潜在发展者，然后根据自己的实际情况，对症下药，获得市场机会。

（7）通过在产品生命周期中定位和掌握市场个性化需求确定营销机会

产品生命周期是产品在市场上所经历的导入、成长、成熟及衰退的全过程。电子商务环境下的企业更应该了解自己产品的生命周期，在生命周期的不同阶段根据产品利益的高低，及时制定出适合自己的营销战略，同时应该掌握市场的个性化需求，今天，随着科技的不断发展，经济水平的日益提高，个性化消费越来越旺盛，尤其是网络市场，如果没有很好地了解市场，一味地追求大众商品的生产和营销，这样对企业将很不利。因此只有了解自己的产品生命周期，及时创新，了解市场的个性化需求，这样才能很好地适应市场，获得市场先机。

2. 企业营销机会的应用

通过以上确定的营销机会，电子商务环境下的企业管理者更能认识客户的重要性，加强客户网络需求信息的收集和整理，加大新产品的研发，加强企业内外信息报告系统、营销情报和调研系统的建设，更好的制定出适合自己企业的营销战略，积极地参与到市场竞争当中去，使企业的销售网络更加健全和完善，以便获取更广的市场空间，为企业的发展奠定基础。

二、电子商务环境下企业品牌的创建与管理

作为电子商务环境下的企业，客户的需求日益个性化和多样化，因此如何培养企业忠实的客户，品牌的作用就显得日趋重要。当然品牌已经成为营销者有限考虑的因素。成功的品牌（如星巴克、索尼和耐克）具有高溢价并能引发很高的品牌忠诚度。美国市场营销协会（AMA）主要给出如下定义：商品的品牌主要指给予商品本身的一种属性，即设计理念、关键术语、特殊标记以及相关名称，也包括它们之间综合应用，以便更好地销售相关的产品和服务，也能让消费者能够很好地加以区分，最后转化为忠实客户。

（一）品牌的创建

营销者通过对合适的消费者创建正确的品牌知识的结构来建造品牌资产。该过程取决于全部的相关品牌接触——无论是否是营销者所发动的。不过在一个营销管理远景中，如

著名的百事集团，它们的品牌资产就经历了：①百事集团最初选择的主要元素和身份定位；②百事公司内部的各种产品和服务，以及与之相对应的营销活动和营销计划；③百事公司通过承接一些赛事（如奥运会等），使品牌得以推广。

1. 选择品牌元素

所有的品牌元素都给予产品的有差异的可识别的相关标识如（图案、口号等）。好的品牌元素可以为建立更多的品牌资产服务。如果要测试这些品牌元素的品牌构建能力，应该测试当他们只了解该品牌元素时，他们如何思考或者感觉这种产品。例如，提供正面信息的品牌元素将使消费者产生假设或推断出价值联想或反应。光是基于它的名字，消费者就可能期望"颜色永驻"（Color Stay）牌口红的颜色会长时间持续在嘴唇上，而"好零食"（Snack Well）则肯定是一种有益于健康的快餐食品的牌子。

2. 品牌元素选择准则

选择品牌元素有 6 个准则。前 3 个准则（可记忆、有意义和可爱的）可表现为品牌资产如何通过对某种品牌元素作出谨慎选择而建立，因此被描述为"品牌建立"；后 3 个准则（可转换、可适用和可保护）更多地用于"防御"涉及一个元素怎样在一个品牌里调控并且在不同的机会和限制条件面前保护品牌资产。

3. 开发品牌元素

在建立一个品牌的过程中，营销者们对他们的产品有很多的品牌名称可以选择。以前，企业选择品牌名称，先列一张清单，详细地写明各种名称的含义，讨论它们的优点，挑选后留下少数几个，然后在目标顾客中进行测试和做最后的选择。今天，许多企业更喜欢雇用营销调研公司设计并测试名称。这些公司应用头脑风暴会议和计算机数据库，进行联想，然后把声音和其他质量指标编入目录单。名称研究过程包括联想测试（association tests）（名称能在人们心中产生什么形象）、学习测试（learning tests）（名称的易读性如何）、记忆测试（memory tests）（名称的易记性如何），以及偏好测试（performance tests）（哪个名称更受欢迎）。当然，公司还必须进行搜寻，保证被选择的名称没被注册。

品牌元素能扮演多种品牌建设的角色。如果消费者在选择产品时无须考察太多信息，那么品牌元素应该很容易被认出并且容易让人想起。值得纪念或有意义的品牌元素能在营销传播之后建立品牌意识和品牌联想。品牌元素中各个标准的联合可能在一个品牌资产中起关键作用。品牌名称不是唯一重要的品牌元素，通常，品牌资产越不具体，抓住品牌无形特征的品牌元素越能显示其重要性。

4. 设计全面营销活动

虽然审慎地选择品牌元素和次级联想对建造品牌资产有重要贡献，但最初的投入来自产品或服务及对营销活动的支持。

品牌不是通过广告建立起来的。顾客可以通过多种接触点来获悉一个品牌：个人观察和使用，口碑传播，与企业人员进行在线或者电话体验式的互动。品牌接触（brand contact）可以定义为一个消费者或预期顾客对品牌、产品目录或者与这种营销者们的产品或者服务有关的与该品牌的接触体验。任何体验都可能是正面或者负面的。企业必须投入与做广告一样多的努力来管理这些品牌接触体验。

不考虑这些特别工具或者他们选择的方法，全面营销者们在设计品牌建造营销计划时强调三个重要的新主题：个性化、一体化和内在化。

（1）个性化

互联网的迅速扩张已经为创建个性化营销提供了机会。营销者们正逐渐放弃在20世纪50年代、60年代和70年代建造品牌时的大众营销惯例，公司正在努力与每位顾客进行一对一的营销。这样实践一个世纪以前营销实践的新方法，看上去像一个返祖现象。为了适应消费者不断增加对个性化的向往，营销者们已经接受了这些概念，如体验营销、一对一营销和许可营销，下面仅就许可营销的一些主要原则进行讨论。

许可营销，即只有在获得消费者明确许可之后才进行的营销实践，是一家企业能够用来消除混乱并且建立顾客忠诚的一种工具。在大型数据库和高级软件的帮助下，公司能够储存千兆字节的顾客数据并且传达给顾客有目的性的、个性化的营销信息。赛思·戈丁（Seth Godin），认为有效的许可营销分为5步：①提供预期顾客会愿意尝试的激励（例如，赠品、销售宣传或竞赛）；②向感兴趣的预期顾客展示产品以及服务；③强化动机以保证潜在顾客能维持对其营销的许可；④提供附加奖励以从消费者那里得到更多对其营销的许可；⑤调控这种许可使消费者行为最终向公司利润转换。

许可营销也有不利的因素。首先，它在某种程度上认为消费者"知道自己想要什么"，但是在许多情况下，消费者的偏好往往是不明确的、模糊的，甚至是相抵触的。其次，在使用许可营销的过程中，消费者可能需要在形成以及传达他们的爱好的过程中被给予帮助。"参与营销"可能是一个更合适的概念，因为营销者和消费者需要共同合作来寻求公司如何最大地满足消费者的最佳解决方案。

从品牌的观点看，这些概念将通过建立一种强烈、活跃的关系，使消费者更积极地参与到一个品牌中。个性化营销（personalizing marketing）要尽可能保证品牌及其营销与顾客保持关联——这是一项挑战，因为没有两个顾客是完全相同的。

（2）整合

这些新的营销方法的应用是因为传统的营销组合概念和对"4Ps"的解释已不足以描述现代营销活动。整合营销（integrating marketing）就是将各种营销活动混合并搭配，以使单独的和整体的营销效果均能最大化。作为整合营销的一部分，营销者们需要加强有关品牌许诺的多种营销活动。橄榄花园已经成为美国第二大休闲餐厅连锁店，在营销过程中它创造了20亿美元和超过500家餐厅的成就，这部分得益于一个整合营销计划。

整合就营销传播而言特别关键。从品牌建造的视角看，对传播方案的评价应该以其对品牌资产的贡献为标准。每种传播方案可以依据其效力、效率及其品牌知名度的影响来判断，这样可以创造、维护或强化品牌形象。品牌知名度（brand awareness）是消费者在不同情况下鉴定品牌的能力，表现在他们对品牌的识别或记忆能力。品牌形象（brand image）是消费者对品牌持有的知觉和信仰，反映在消费者的记忆与品牌的联系上。

（3）内部整合

营销者必须"身体力行"地来传递品牌许诺。他们必须采用内部视角，确保员工、营销合作者理解基本的品牌观念，以及这些人能够怎样帮助（或者损害）品牌资产。内部品牌化（internal branding）是帮助通知并且鼓舞员工的活动和过程。对于服务型企业和零售商来说，员工对品牌及其承诺拥有一个即时更新的较深的理解非常关键。

品牌担保（brand bonding）指在顾客体验企业履行它的品牌许诺时，顾客与企业员工和公司之间的所有传播联系必须是积极的。除非企业里的每个人都与品牌共生，否则品牌许诺无法实现，品牌认知最有效的影响是顾客和员工共同体验品牌许诺的实现。

企业需要与员工进行连续且公开的对话。一些企业已经通过企业的内部网和其他方法如"B2E"（企业对员工）程序进行这种对话。迪士尼的内部品牌化工作获得了巨大的成功，因此让雇员支持这一品牌，他们甚至在迪士尼研究所的讨论会上教授其他企业的雇员以"迪士尼模式"。全面营销者们必须训练并且鼓励分销商和经销商很好地为他们的顾客服务。未经训练的竞销商可能损害建造强大的品牌形象所付出的巨大努力。

2. 品牌价值的衡量

由于一个品牌的能力根植于消费者的头脑之中并取决于消费者对营销的反应，所以有两种基本的衡量品牌资产的方法。间接的方法是通过鉴定和跟踪消费者品牌知识结构确定品牌资产的来源。直接的方法是评价消费者对各种营销在品牌反应的知识上的实际影响。

一般而言，两种方法是互补的，并且营销者们可同时使用这两者，换句话说，品牌资产可知性——一个有用的战略功能和指导营销决策，它对营销者们的重要性是：完全理解品牌资产的来源和它们怎么样影响所关心的结果；这些来源和结果怎样随时间改变。品牌审计对于前者是重要的，而品牌追踪对于后者是重要的。

品牌价值链（brand value chain）是估价品牌资产的资源以及结果的结构性的方式，同时也是营销活动创造品牌价值的方式。品牌价值链基于几个基本的前提。

当一个公司投资于一个瞄准实际或是潜在顾客的营销计划时，品牌价值创造过程也就开始了。任何能够归隐于品牌价值发展的营销计划投资，无论是有意图还是无意图的，都将归于这一类：产品研究、发展和设计，贸易或者中间支持，以及营销传播。

与计划相关的营销活动都与品牌相关并且同时影响着顾客的"心态"。问题是，作为市场营销计划的结果，消费者将通过什么方式来进行改变？这种心态，通过众多的消费者直接由它在市场上所表现出的形式作为特定的品牌结果表现出来。这是关于个人消费者在哪里购买和所支付的价格等因素的综合影响。最后，投资方考虑市场绩效和其他因素，诸如重置成本和购买价，以获得对于广义上的股东价值以及特定的品牌价值的估价。

这个模型假设许多关联因素介入到各个阶段，确定在一个阶段中的价值可以转化到下一阶段。三套增效器有节制地在营销计划中以及后来的三个价值阶段之间转换，即计划增效器、顾客增效器和市场增效器。计划增效器（program multiplier）决定了营销计划影响顾客心态的能力并且作为投资计划质量的功能之一。顾客增效器（customer multiplier）决定了价值所创造的在顾客心中影响市场绩效的程度。这个结果依赖于前后相关的消费者之外的因素。三个这样的因素是竞争性优势（其他竞争性品牌的市场投资的质量以及数量有效性怎样），渠道以及其他的中间支持（其他各种各样的营销合伙人使用了多少品牌强化和销售努力），以及顾客规模和大致轮廓（有多少和哪种类型的消费者，因为有利可图，被该品牌所吸引）。市场增效器（market multiplier）决定了一个品牌被股东价值方面所证明的市场智能显示的价值。它部分地依赖于金融分析家以及投资者的行为。

（1）品牌审计

为更好地理解品牌，营销者们经常需要引入品牌审计。品牌审计（brand audit）是以消费者为关注点的检验，包括一系列程序来确定品牌的健康，发现品牌资产的来源，并且建议提出方法来改进并调控品牌资产。

品牌审计能用来确定品牌的战略方向。品牌资产目前的来源令人满意吗？某一品牌联想需要被加强吗？品牌缺乏唯一性吗？品牌资产存在什么品牌机会和潜在的挑战？根据这个战略性分析，营销者们能开展营销计划使品牌资产长期最大化。

当营销者们考虑战略方向在发生重要变化时，他们应该引入品牌审计。由于报纸发行量下降，人们更多地依赖收音机、电视和因特网获取新闻，一些出版商现在委托品牌审计者试图重新设计报纸，使其与时代同步，同时也对读者来说有趣。定期（如每年）引入品牌审计，允许营销者们保持他们对品牌的控制，可以使他们更积极主动地管理品牌。当他们建立营销计划时，审计的背景对经理而言是特别有用的。

品牌审计能在战略方向和品牌绩效方面产生深刻的影响。

品牌审计要求从公司和消费者两者的愿景那里理解品牌资产的来源。从公司的视角看，它要理解什么产品和服务目前正被推荐给消费者，以及它们怎样被营销并且品牌化。从消费者的视角看，需要深入挖掘消费者的见解，并且展示品牌和产品的真正含义是什么，品牌审计由两步组成，即品牌清单和品牌探索。

（2）品牌清单

品牌清单（brand inventory）的目的是提供一个目前全部由公司营销的产品和它是怎样被品牌化的概貌，显示每种产品或者服务的轮廓需要鉴定全部相关品牌元素和所支持的营销计划。这些信息应该是准确、综合和及时的，并且以视觉和口头形式加以总结。品牌清单应在尽可能多的细节里，就品牌化和营销所做出的努力，对品牌进行描述。

品牌清单帮助营销者获知当今的顾客是以什么为基准对品牌进行评估的。虽然品牌清单主要是一个描述性的作业，但是，一些有用的分析也有指导价值。举个例子，营销者们能评价分享一个品牌名称的全部不同的产品或服务。不同品牌元素使用一贯方式吗？是否有很多变形？这取决于市场的地理位置，市场细分等情况。与此类似，作为支持的营销计划与相关品牌在逻辑上相一致吗？

（3）品牌探索

品牌探索（brand exploratory）是研究理解消费者想什么，以及他们感觉品牌和鉴定品牌资产的源头及其相应产品目录的活动。

几项初步的活动对品牌探索十分有用。许多早先的研究可能是相关的。会见公司员工以获得他们关于消费者知觉的信息也是有用的。通常，来自这些内部的会见出现的意见差异有两个功能：它会产生有用的视野或创意，它也能指出任何内部的不一致或者错觉。

虽然这些初步的活动可以产生有用的结论并且提出某些假说，但是，它们经常是不完整的。另外的研究经常被要求更好地理解顾客怎样购买和使用产品和服务，以及他们对各种品牌的看法。允许提出广泛的问题，并且允许某些问题被深入研究，品牌探索经常借用定性研究技术，如词语联想、形象化、品牌人格化和阶梯法。

很多公司现在使用人类学的知识对传统的顾客进行细分。他们研究消费者在家、在工

第三章 电子商务背景下企业的营销管理

作、在玩或者购物时的习惯。基于人类学的研究，金霸王公司发现使用者从助听器中取出电池有困难，于是一种新电池产品诞生了。惠尔浦公司了解到人们并不想等洗衣机装满脏衣服再开机一起洗，因此它的厨房助手部门发明了一种更小型的洗衣机叫作"Briva"。

（4）品牌跟踪

跟踪研究（tracking studies）长期以来从消费者那里收集信息。跟踪研究通常使用定量方法为营销者提供及时的信息，这对于他们对品牌和营销计划执行情况进行判断是一个关键因素。跟踪研究是一种理解品牌价值在哪里、有多少以及用什么方式建立的方法。

跟踪研究通过为经理们提供一致的原始资料，使他们日常的决策变得容易进行。同样，围绕品牌有各种各样的营销活动，研究每一次每一个的营销活动变得困难和昂贵。跟踪研究为许多营销活动的基体效应提供有价值的诊断：在这个营销计划内不断发生了多少变化。监控品牌和其资产的健康是重要的，因为这样可以进行适当的调整。

（5）品牌评价

必须将品牌资产与品牌评价（brand valuation）区分开来，后者是评估品牌整体经济价值的工作。桂格麦片公司的创始人之一约翰·斯图尔特说道："如果这家企业分裂了，我给你厂房；但我将带走品牌和商标，那么，我仍将经营得比你好。"由于评估的主观性，美国公司在资产负债表上不会列出品牌资产。然而，英国和澳大利亚的一些公司却将之列出。企业为了估计品牌价值，有必要：①辨认出真正能够从品牌中获取的收入部分；②通过将历史收入倍数化并将之作为未来现金流贴现率的基础，使收入资本化。

（6）品牌收入

品牌收入通过从品牌销售中减去下列项目而计算得来：①品牌销售的成本；②营销成本；③折旧和分摊在内的可变的和固定的管理费；④资本补偿率（5%~10%用于生产线资本租赁费）；⑤税金。

3. 品牌的管理

有效的品牌管理需要一个长期远景的营销决策。由于消费者对营销活动的反应取决于他们关于一个品牌的认知与记忆，故短期的营销活动，通过改变品牌知识，一定会增加或减少将来的营销活动。另外，长期的观点将导致前期的战略用在营销环境方面的长期外部变化和在一个公司的营销目标和计划方面的内部变化前保持并且提高基于用户的品牌资产。

（1）品牌加强

作为公司的持久资产，对品牌名字需要仔细管理，以便不使它的财产价值折旧。许多品牌领先了多年并且现在还是品牌领袖，如柯达、箭牌、可口可乐、亨氏和金宝汤。但是只有经常努力改进它们的产品、服务和营销，它们的品牌位置才能得以保持。

品牌资产的加强可通过以下方式的营销活动向客户传递品牌信息：①品牌代表何许产品，它提供什么核心利益，它满足什么样的需要；②品牌怎样使产品比其他同类产品更优良，并且使独特的品牌联想存在于消费者的心里。妮斯雅，欧洲最强大的品牌之一，通过仔细设计和实施品牌拓展来强调其品牌许诺，即"温和""文雅"和"关怀"。

加强品牌资产需要对整个营销计划进行创新和加强关联性。营销者必须导入新产品并且进行真正满足其目标市场的新营销活动。品牌必须总是向正前方走——朝着正确的方向前进。营销必须发现新的有优势的供应品，并且找到营销它们的方法。

加强品牌的一个重要考虑是品牌营销在数量和种类上要得到一贯的支持。一贯并不意味着没有变化；为了保持品牌的战略性延伸和方向，做一些战术上的变化可能是必要的。除非在营销环境方面有变化，所以几乎没有必要背离已经成功的定位。

在管理品牌资产过程中，一些营销活动可能造成加强品牌资产与利用现有品牌赢利之间的此消彼长，有时未能加强品牌将会减少品牌知名度并且弱化品牌形象。

（2）品牌危机

营销经理必须假设在某个时点，品牌危机会出现。某些品牌如双汇、丰田等都经历了严重的品牌危机。总的来说，越是著名的品牌资产和企业形象——尤其是企业的诚信和信誉，企业就越有可能经历品牌危机。然而，细致的准备和一个管理良好的品牌危机处理机制是十分必要的。正如强生处理泰诺（Tylenol）产品危机的案例所建议的那样，处理危机的两个关键是让客户看见企业真诚和迅速的反应。说到迅速，尤其是对电子商务环境下的企业，由于特殊的市场环境，企业对品牌危机做出反应的时间越长，顾客越有可能形成负面印象。从而形成一个一传十十传百的不好的舆论气氛。也许更糟的是，当顾客迅速转向另一个品牌时，他们发现他们不再喜欢原来的品牌了。

快速的反应也必须是真诚的。就企业对顾客的真诚以及企业愿意采取任何步骤来帮助顾客而言，企业越是真诚，顾客就越不可能对企业形成负面的印象。

三、整合营销传播管理

（一）企业的营销沟通组合

电子商务环境下企业营销不仅要求开发优良产品，给予有吸引力的定价，使它易于为目标顾客所接受。还必须与它们现有的或目标顾客进行沟通。每个企业都要承担信息传播者和促销者两个角色。

但是要沟通哪些信息，绝不应听其自然。为了有效地和顾客进行信息沟通，公司聘用广告代理人以推出有效的广告；请销售促进专家设计销售刺激方案；请直销专家建立数据库，并利用邮寄和电话形式与顾客和潜在顾客联系；委托公共关系公司树立公司形象。它们训练推销人员要有友好的态度和丰富的知识。对大多数公司来说，问题不在于是否要沟通，而经常在于沟通什么、对谁沟通和怎样沟通。

电子商务环境下的企业一直都在管理着一个复杂的营销沟通系统，企业与它的中间商、消费者和不同的公众进行沟通，中间商又与他们的消费者和不同的公众进行沟通。消费者彼此之间以及与其他公众之间又以口头的方式进行沟通。同时，每个群体提供的信息又反馈给其他各个群体。所以我们就必须注意营销沟通的组合及建立有效营销沟通系统。

①营销沟通组合（也称促销组合）由四种主要工具组成：广告，即由一个特定的主办人，以付款方式进行的构思、商品和服务的非人员展示和促销活动；直销，就是以在线的企业营销人员直接面对顾客的一种销售模式，它通过在线沟通和交流的方式来完成；促销，即利用一定营销手段促进产品和服务在短期内能够实现销售量急剧扩大，以达到刺激效应的一种销售模式；最后就是宣传和推销以实现销售。

②建立有效营销沟通系统的步骤，即营销的信息传播者必须确定目标视听接受者、决定信息传播目标、设计信息、选择信息传播渠道、编制总的促销预算、决定促销组合、衡量促销成果、管理和协调总的营销沟通过程。

（二）企业促销组合管理

1. 企业的促销组合

电子商务环境下企业针对网络环境下的促销、直销等竞争问题，如何划分它们的促销预算有着很大的不同。当经济状况景气时，企业总是探索以一种促销工具取代另一种促销工具的方法，以获得更高效益。许多企业已经用广告、直接邮寄和电话访问取代某些现场销售活动。其他企业增加了与广告有关的销售促进费用，以达到更快的销售。在促销工具中的这种替代性，解释了为什么在单个营销部门中的营销职能需要协调的原因。

许多因素影响着营销者对促销工具的选择，下面我们来分析一下这些因素。每种促销工具都有各自独有的特性。营销人员在选择它们时一定要了解这些特性。

（1）广告

由于网络广告主要表现为公开展示、普及性夸张的表现力和非人格化的特性。企业如何建立一个长期的企业形象，同时要很好地进行促销，成本是一个很大的问题，但是在传统市场中，很难解决这个问题，而由于企业所处的环境是网络环境，因此这种问题的解决方式就多样化了，作为企业的宣传，网络广告的出现正好解决了这个问题，一般只需要很少的预算。

（2）直接营销

直接营销的形式多种多样，如直邮、电信营销、电子营销等，但它们都有以下明显特征：①独特的针对性，只为特定人员服务，不具备公开性，信息传递有针对性，过程不公开；②个性化定制，信息一般先定制后发送；③及时性，能让特定的客户群体在最短的时间内收到自己所需要的相关信息。

（3）公共关系与宣传

对公关的要求是基于它自己的特性，如可以获取顾客的信任、消除顾客的戒备心理，结果往往戏剧化，只有在这些特性基础上通过营销人员的努力，才能使企业的市场潜力不断扩大。

当然要确定促销组合的因素我们还必须考虑产品市场类型、产品在市场中的地位、顾客群体的综合素质、顾客的购买力以及所经营产品的生命周期等因素。

2. 设计促销计划

促销计划的设计对电子商务环境下的企业尤为重要，一般包括八个步骤。第一，信息传播者必须首先确定目标视听接受者及其特征，包括他们对产品的印象。第二，信息传播者还得明确沟通的目标，它是否创造知晓、认识、喜爱、偏好、确信或购买。第三，设计信息必须含有有效的内容、结构、格式和来源。第四，对人员的和非人员的信息沟通渠道必须加以选择。第五，总的促销预算必须确定。四种常见的方法是量入为出法、销售百分比法、竞争对等法和目标任务法。促销预算必须在主要的促销工具之间分配，这些工具受到诸如"推"和"拉"战略、购买者准备阶段和产品生命周期各阶段等因素的影响。第六，促销预算必须分配给各主要的促销工具。第七，此后信息传播者必须掌握和了解市场上有多少人知道和试用此产品，以及在此过程中的满足情况。第八，必须对所有沟通活动加以管理，使其保持前后一贯性、适时性和有较高的成本效益。

四、营销渠道的设计与管理

营销渠道就是在企业的经营活动中，产品通过企业向消费者手中转化的途径。在此过程中可能出现不同层次的中间商或是中间商的群体，但是电子商务环境下的企业则减少了很多这样的环节，如BTOC模式。营销渠道由众多承担营销功能的中介机构所组成。由于这些营销中介机构的存在，缓和了产需之间在时间、地点、商品数量和种类方面的矛盾，也使得市场上总体交易的次数减少，交易费用降低并且大大提高了产品流通的速度和效率。

营销中介机构按照是否拥有商品所有权可以分为买卖中间商、代理中间商和辅助机构。按照在流通领域中承担的不同角色可以分为批发商、零售商、进口商和内外贸兼营商等类型。

企业在构建营销渠道时，必须做出几种渠道策略，即选择长渠道、宽渠道还是联合渠道。通过这些策略，企业可以搭建出自己所需的营销渠道的框架。

在进行企业营销渠道设计时，企业可以遵循以下六个步骤：①分析服务产出水平；②设置和协调渠道目标；③明确渠道任务；④确定渠道结构方案；⑤确定影响渠道结构的因素；⑥做出可能的渠道结构方案并选出最佳方案。在进行渠道设计时，企业要综合考虑市场因素、产品因素、公司因素、中间商因素、环境因素和行为因素对渠道的影响，以求设计尽可能地完善，能够适应多种市场态势。

有了一个适用于企业的分销策略和营销渠道体系之后，企业还必须注意对渠道成员的控制、评估和激励。企业可以通过设置一定的标准来衡量适用的中间商；通过给予中间商一定的财力、物力、人力的支持，激励其发挥积极的作用。企业还必须根据市场的新动态，及时改变渠道结构和分销方式，只有这样，企业才能有效地控制好渠道为己所用。

由于互联网技术的出现，分销渠道及其结构形式正在发生深刻的变化。互联网对分销渠道的影响主要体现在：增加分销渠道，疏通分销渠道，细化分销渠道，整合分销渠道，降低分销成本，提高分销效率和使分销渠道透明化。

五、价格战略管理

在电子商务环境下企业营销策略组合中，价格具有任何其他营销组合手段所无法替代的作用。因此定价策略在市场营销和网络营销活动中具有重要地位，当然价格也受企业营销环境条件的限制。

在各种营销活动过程中，企业对产品的定价是一项既困难但又很重要的工作，而且风险重重，当然价格是企业参与竞争的重要手段，其合理与否会直接影响企业产品或服务的销路。由于价格对市场供求的影响总存在某些不确定因素，因此营销活动中的价格策略必须是以科学规律为依据，以实践经验为手段的统一过程。

（一）企业的定价目标

1. 价格策略的重要性

（1）价格能调节和诱导市场需求

作为在线以服装生产和销售为主要业务的凡客诚品，在衣服的价格定制方面有很大优势，因为对他们来说所面对的客户主要以青年人为主，作为青年人，多数没有相对稳定的收入，如果定价不合理，就会直接降低青年人对衣服的接受程度，影响其服装的销路，因此，只有服装价格合理，才能够起到相应的促销作用。当然，在企业的营销产品组合中，尤其是那些具有消费连带与消费替代关系的产品，其价格的高低与价格比例的合理性明显影响这些产品的市场需求。这样，企业就可能根据具体产品的生产经营能力，确定盈利水平略有差异的不同价格，保证各类产品市场需求与生产经营能力的协调。另外，价格的高低还制约着销售渠道的选择，只有与企业促销及销售渠道策略协调一致的价格，才能起到加强营销整体效果的作用。

（2）价格是营销竞争的重要手段

在市场营销中，技术、质量、服务等方面固然是企业竞争的重要因素，价格同样是不可忽视的参与竞争的有效手段。很显然，在网络环境下企业的产品价格越来越透明，尤其同行业的竞争，如电子产品，每个厂家都在生产，除了品牌和质量的因素外，价格就显得很重要，要想在市场中站稳脚跟，就必须对市场有预见机制，随时调整适合该产品的价格策略，以迎接新的挑战。反之如果决策失败就会给企业带来灾难，所以定价具有"微妙的"艺术性。

（3）价格影响企业营销目标的实现

企业如果定价合理，盈利就会大大增加，市场占有率也就相对稳定，这样企业就会有大量的资金去改善产品质量、服务水平，进行产品创新，更好地去维系企业和客户之间的关系。企业也才能主动地了解消费者需求、适应市场竞争状况，在现实的营销活动中，企业的所有工作都必须与价格相适应，以建立更好的客户满意度。在这样的情况下，企业必然会尽量采用先进的经营管理方式，减少成本，争取做到以最小的投入获取最大的收益。

（4）价格受企业营销环境条件的制约

任何价格决策只能在一定的环境条件下发生作用，环境条件是决定某一价格决策能否得到必要支撑的条件，并决定价格决策的效果。企业在进行价格决策时，必须要考虑到企业外部环境和内部环境条件的制约。

2. 企业的定价目标

定价目标是为企业营销目标而服务的，所以，正如营销目标可以通过多种途径一样，企业的定价目标也有多种，主要有以获取利润为定价目标、以扩大销售为定价目标、以市场占有为定价目标、以改善形象为定价目标、以应对竞争为定价目标等。

（二）企业定价的主要依据

定价决策是在发展过程中的价格和价格调整，以实现业务目标和定价的艺术和技巧所在。定价基础：一方面，以商品价格的价值基础；另一方面，以市场供求关系和各种环境因素为基础，这里所说的市场往往是一个很大的市场。企业利用灵活的定价策略来实现其业务目标，我们必须了解价格变动的基础和各种因素。

1. 产品成本

产品的生产和销售过程都要花费大量的货币成本，如材料、劳务等，因此产品的定价主要还是以产品的成本为主，因为产品是社会必要劳动量的聚集，但这种劳动量是一种理论上的推断，企业在实际工作中无法计算。作为产品价值的主要组成部分——产品成本，企业则是对此可以相当精确地计算出来的。

任何企业都不能随心所欲制定一个相关的产品价格，企业定价必须使总成本得到补偿，要求不低于平均成本价。所谓的平均成本包括平均固定成本和平均变动成本两部分。平均变动成本不随产量的增减发生变化，最初的业务盈利点只有在补偿平均变动成本费用后，累计余额才等于总固定成本。很明显，产品成本是计算利润和亏损的，产品价格低于生产成本时，很可能形成一个亏损企业，反之，则形成一个盈利企业。

2. 市场供求

企业主要以电子商务环境下所面对的市场供求规律，如价格与需求，价格与供给，供求关系与均衡价格的变化，同时还要结合市场需求的弹性，如需求收入弹性、需求价格弹性及需求交叉弹性等因素来对价格进行调整。

3. 竞争状况

竞争模式在电子商务环境下是不可避免的，怎样参与竞争、应对竞争，价格的力量不容忽视，制定完备的价格策略至关重要。竞争主要包括完全竞争、垄断性竞争、寡头竞争以及纯粹垄断等。

在现实的市场营销活动中，除了产品成本、市场供求、竞争状况以外，市场营销组合中的其他变数，如产品策略、渠道策略、促销策略，以及政府的经济政策，企业本身的生产能力，财务能力等等都会对企业的定价策略产生不同程度的影响。因此，企业必须在产品价值的基础上，认真研究影响定价的各方面因素，才能制定出保证营销目标得以实现的合理价格。

4. 现行各种环境下的政策法规

由于电子商务环境的改善，供应链上的企业也有一定的利益相关性，如何发展好与各企业以及消费者之间的关系，利益的分配至关重要，但为了不影响市场秩序，政府会对企业的经营进行监管，也需要付出相应的成本。

（三）企业定价的基本方法

在电子商务环境下的企业定价方面，我们要根据市场的发展规律，尤其是当前网络经济环境下，价格的透明程度越来越高，怎么样去定价，怎么样让自己客户群的满意度在原有的基础上大大地提高，这对企业来说不但要有好的调研情报获取方式，同时决策也要果断。从一般定价的原理出发，不同的企业都有自己的定价依据，企业定价方法主要分为如下几种，如图3-1所示。

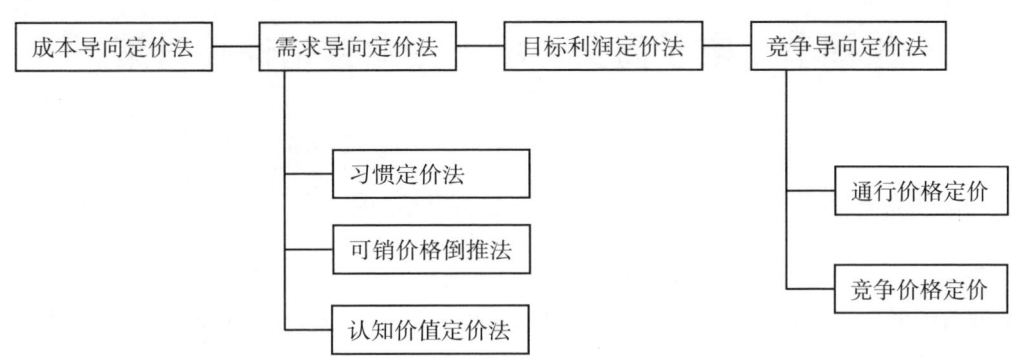

图 3-1　企业定价方法

总之，无论哪种方法，没有程式化的标准，主要看推行后的市场效果，如现在的以电子产品为主要营业对象的京东商城，它在这方面做得就比较成熟，不断紧跟市场，及时地调整了自己的产品价格，让顾客获得利益，也让企业达到了促销和清货的目的，既减少了库存，又获得了客户的认可，无论从成本还是获利方面都有了很大的改进，实现了企业和顾客的双赢。

（四）价格策略

制定价格不仅是一门科学，而且需要有一套策略和技巧。作为电子商务环境下的企业，除了运用市场的规律外，还必须根据价格和供求之间的关系，来制定相应的价格策略。当前企业主要针对的是网络环境下的客户群体，定价策略运用得当就会获得更大的市场空间，否则就会使客户群体大量流失，一般企业采用的价格策略如图 3-2 所示。

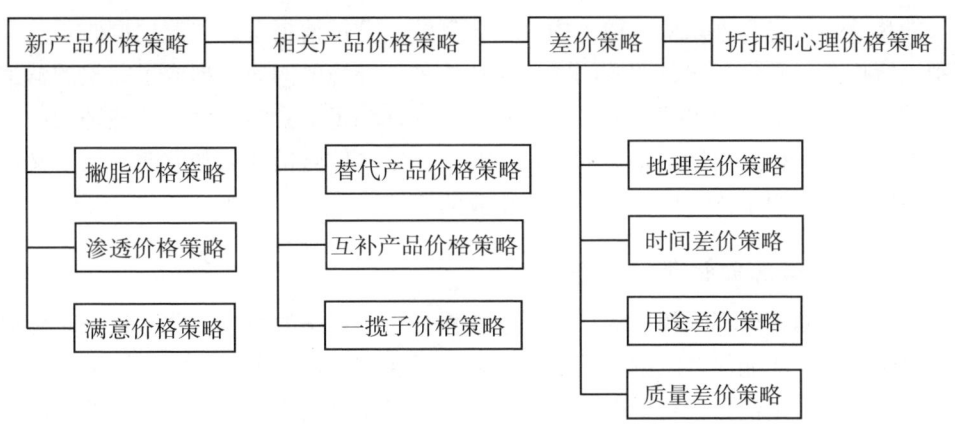

图 3-2　企业的价格策略

第四节 电子商务环境下企业营销保障对策

一、电子商务环境下企业营销信息管理系统的应用

在电子商务环境下企业营销活动中,营销范围从区域市场辐射全国乃至国际市场的现实,使营销者与消费者之间的距离拉大了;人们的生活水平以及消费理性程度的日益提高,使市场需求更加多样化、复杂化。复杂的市场状况,必然形成日趋激烈的市场竞争。企业的营销决策要以市场需求为核心,就必须保持对市场变化的高度敏感。实践证明,要提高营销决策的正确性,企业只能立足于充分了解市场,确切掌握相关营销信息的基础上。现代科学技术的发展,为企业建立科学的营销信息管理系统提供了良好的条件。

(一)营销信息管理系统的结构和要素

营销信息能对企业实现营销目标产生巨大作用,已为大部分人士所认识。然而,要使灵敏、准确、经济的营销信息,真正成为企业营销成功的重要因素,企业还必须建立科学的营销信息系统。形成综合性、全方位的营销信息网络,使营销信息在更高程度上、更广泛基础上被利用,有利于企业取得营销信息,处理营销信息和提高营销科学决策的能力。

所谓的营销信息管理系统是由人、设备与程序所构成的持续和相互作用的结构,用于收集、整理、分析、评估和分配那些恰当的、及时的、准确的信息,以使营销决策者能改善对于其营销计划的设计与控制。营销信息管理系统为企业创造良好的营销环境服务,它既可为企业确定战略目标的方法和政策提供服务,同时也为企业执行和控制具体营销计划创造条件。营销信息管理系统一般由内部报告系统、营销情报系统、营销调研系统和营销分析系统所构成,它们各司其职共同完成企业内外部环境的沟通,形成了完整的营销信息流循环过程。企业的营销决策者通过该过程密切注视和了解营销环境中的各种动向,收集和处理相关信息,据此而做出企业的营销决策,制定具体营销计划和方案,然后又以营销决策和沟通信息作用于营销环境,最终使企业的营销目标得以实现。

(二)营销信息的收集与评价

任何营销活动都离不开相应的环境,企业作为市场系统的组成部分,只有充分地了解市场,适应市场,才能使自己的营销活动与社会需要相协调。因此反映市场活动特征及其发展变化情况的营销信息,对于企业更好地参与市场竞争的作用越来越大,整个营销信息系统的运行,实质上就是企业对营销信息的收集、分析过程。

1. 营销信息的收集

(1)营销信息的内容

所谓的营销信息属于经济信息的范畴,指的是在一定时间和条件下,同营销活动有关的各种消息、情报、数据和资料的总称。一般可以把营销信息分成两大部分:①外部环境的信息,如政府的方针、政策、法令、计划与相关文件,市场竞争情况,市场需求状况,

科技发展水平等；②内部管理的信息，如生产成果、物资利用、人力资源、财务状况等。

（2）营销信息的收集

营销信息的收集是运用常规的调查方法，进行系统、科学的信息积累过程，一般分成两大类操作方法。

i. 资料研究法

资料研究法，即利用与营销活动相关的各种现成资料，如社会发展、市场行情等方面的文字资料、统计资料、图片资料等进行营销信息的收集。

资料研究法能够帮助企业在较短的时间内，以较低的成本获得大量的相关信息。通过这种方法收集营销信息的途径十分广泛，除了企业内部各种记录以外，各级政府的统计部门、财税金融部门、工商管理部门及行业协会等提供的各种统计资料、调查报告，专业调研机构、大专院校、科研单位等的研究结果都是营销信息的重要来源。

作为一种间接的二手资料收集，资料研究法可以为其他调查方法做准备，有时可以直接作为某项调查的依据。但是由于绝大部分现成资料的出现，并不是为了企业某个特定研究目标而准备的，而企业的现实营销在不同情况下有不同需要，企业与内外部环境的联系是全方位的，所以研究人员必须把握所收集第二手资料的准确度。在连续、大量、全面收集资料的基础上，分析彼此之间的内在联系，提高资料的有序化程度，这样才能取得真正对企业营销活动有用的信息。

资料研究法的步骤大致如下：①收集资料；②储存资料；③分析资料。

ii. 直接调研法

直接研究法，即运用科学化的社会调查方法，为企业某特定研究目的直接收集原始的营销信息，如座谈（访问）、问卷设计、抽样技术等，对社会舆论进行广泛的调研。这种调研方法直接了解相关公众对某一机构、事件、问题的需要、认识、看法、意见和反映，定量分析的精确度比较高，能相对准确地、客观地反映民意。

2. 营销信息的评价

营销信息的评价包括与营销活动所有相关因素的营销信息，对于企业而言必不可少。然而，过少的信息不敷应用，过多的信息又会导致使用者无所适从，错误的信息还会给企业带来灾难。因此，企业必须善于从中获取适量的有用信息。

营销信息不同于一般信息，是产品交换过程中人与人之间传递的社会信息，是信息发出者和信息接收者能共同理解的数据、文字和符号，反映着人类社会的经济活动。评价营销信息的基本标准是有效性和适用性。

（1）营销信息的有效性

收集营销信息是为了满足企业开展营销活动的需要，有用的信息能帮助企业制定有效的营销决策，实施营销计划，从而实现营销目标。营销信息的有效性，表现在它是否准确、及时。过时的信息，犹如"雨过送伞"，时过境迁起不到作用。大量杂乱无章的信息不仅无济于事，还可能干扰决策者的思路。歪曲和掩盖客观实际情况的信息，则会导致企业营销决策的失败。因此，科学的营销信息系统必须向决策者提供准确、及时的营销信息。

（2）营销信息的适用性

现代社会呈现着多买方、多卖方、多渠道、多功能的开放式市场状态，营销信息渗透

在世界的各个领域中。企业被包围在形形色色的营销信息之中，然而并不是所有的营销信息都能为企业所用。营销信息的适用性，表现在它的时间上、空间上、内容上与企业营销活动的相关性。营销环境是一个复杂的大系统，每个企业有自己特定的营销内容。一条营销信息对甲企业是营销机会，而如果乙企业"依样画葫芦"投入大量人力、物力却收效甚微；同样是这条信息，对丙企业则可能是营销危机的警告信号。企业面对的营销信息不是零星的、个别的信息集合，而是若干具有特定内容和同类性质信息在一定时间和空间内形成的系统集合。因此，科学的营销信息系统必须向决策者提供真正反映营销动态、与企业营销活动相关的营销信息。

（三）营销信息的利用——营销预测

电子商务环境下的企业营销预测就是根据过去和现在的情况，推测未来的发展，并通过分析研究，为企业的营销决策提供初始方案以及实施这些方案的最佳途径。它主要利用直观预测法、时间序列预测法、因果分析法等，对企业营销系统获得的信息进行加工和分析。营销预测的内容十分广泛。一般来说，对市场需求、商品资源、市场占有率、市场价格、产品生命周期、营销效果等都可作预测。

（四）营销信息管理系统的科学管理

在网络经济的发展过程中，营销信息管理系统对电子商务环境下企业的营销成功有着积极的作用。凡是世界上卓有成效的企业，几乎都有一个科学的营销信息管理系统。正是由于这些营销信息管理系统的高效运转，才使这些企业的决策者们能迅速掌握最新的营销动态，并帮助他们及时、准确地做出营销决策，从而达到企业的营销目标。

1. 营销信息科学管理的重要性

营销信息管理系统是由人、设备和程序所构成的持续和相互作用的结构，它能广泛、迅速地为企业收集相关的营销信息，科学地分析、评估相关的营销信息，并能让这些营销信息为营销活动获得成功发挥最大的效用。这是因为：①营销信息管理系统是企业进行正确营销决策的基础；②营销信息管理系统是监督调控企业营销活动的依据；③营销信息管理系统是营销活动提高效益的源泉。

2. 营销信息科学管理的方法

现代营销活动离不开信息的沟通，然而在许多情况下，企业面对的往往是大量无效、过时、不可靠的或者杂乱无章的信息，同时还会因为查询不便，使一些重要信息无法及时送交相关人员手中。这些恰恰是由于信息的大量增加，给企业现实营销活动带来沉重负担，甚至产生适得其反的作用。因此，企业必须对营销信息管理系统进行科学有效的管理，使其真正发挥应有的作用。

（1）形成企业特定的营销信息体系

对电子商务环境下的企业具体的营销活动而言，必须形成有自身特色的营销信息体系，否则是无法提高整体营销效率的。一般企业的营销信息体系，可从以下几个方面考虑形成：①计划信息；②常规信息；③实务信息。

（2）保证营销信息的有效性和适用性

对营销信息管理系统科学管理的主要任务，是使该系统能向企业相关部门提供优质的信息服务，即确定信息需要、搜集信息、处理信息、使用信息。归根结底，科学的营销信息系统必须保证所提供营销信息的有效性和适用性。

（3）建立完善的计算机化检索系统

在现代经济生活中，电子计算机作为一种有效工具已经在企业营销管理中得到广泛应用。事实上计算机在营销信息处理中更具有显著优势，其能够实现大量数据的综合处理，提高营销信息生成的有效性和适用性。同时，其拥有极大的存储容量和高效率的检索系统，能把营销信息管理系统中的四个子系统，有机地组合运转，充分提高企业的营销效率。从计算机的发展历史看，信息系统的管理状态主要经历了四个阶段：①单项数据处理阶段；②多项数据处理阶段；③综合处理信息阶段；④系统处理信息阶段。

作为电子商务环境下的企业建立以模型库为核心，包括方法库和数据库以及人机对话式的接口在内的计算机化营销信息管理系统，能达到营销信息的集中统一，使营销信息真正成为一种资源，实现营销信息的共享。同时，现代的计算机化营销信息管理系统更直接有效地面向企业决策，面向动态营销环境中出现的各种信息需求，根据决策问题的性质和决策者的实际需要，在大量历史的和内外部的营销信息基础上，灵活运用各种模式和科技方法协助决策。

二、电子商务环境下企业销售队伍管理

电子商务环境下企业营销管理是企业营销网络内部建设的核心因素，是企业实现营销价值最大化的重要保障。必须结合企业自身实际，坚持以人为本，科学建立和逐步完善规范合理的营销管理体制，营造人尽其才、才尽其用的良好氛围。

（一）营销队伍的作用

作为电子商务环境下的企业在实施营销的过程中，一边以客户为中心，一边以企业为中心，两者的区别是：以企业为中心的就是通过营销人员的努力，借助一定的平台，使客户对自己的产品感兴趣，然后主动上门去购买；而以客户为中心的方式则是企业把自己的产品通过自己的营销团队把产品和服务推向客户，使得客户能够及时了解与自己需求相关的产品信息，主动购买。显然，销售队伍是实现企业经营目标的实际承担者，是连接企业的策略、设想和目标的一个关键环节。一方面，高效的销售队伍能把企业的形象有效地传达给客户，可以把非常好的经营思想传递给客户，可以很好地向客户展现出良好的企业形象，可以帮助企业实现超越其竞争对手的目标；另一方面，销售队伍最终要实现产品的销售并收回产品或服务的款项，同时还要确保客户满意。

总之，塑造了良好的声誉和影响力，鼓励客户继续购买该公司的产品或服务，这是销售队伍的核心作用。

（二）营销队伍的管理

1. 问题分析

销售队伍是营销队伍管理中的核心，如果出现问题，将会影响企业的各个方面，因为企业的运作是需要人来管理的，什么环节要用什么样的人才以及整个销售系统是否完善，如果这些问题处理不当，就会影响企业营销活动既定的目标。主要的问题有：①销售人员不作为，缺乏一定的销售技巧，销售人员带走了企业相当多的客源及相关的客户信息，销售业绩缺乏稳定，销售队伍建设存在弊端，没有好的奖惩机制，使大量的销售精英流失；②整个营销过程监管不力，在招聘、培训和过程管理中没有发挥管理者的作用。因此，这些问题就会导致整个营销管理过程失效，怎样用人，怎样招聘人，那些人要进行进一步的学习和培训，那些人要求转岗或解雇等都要处理好。

2. 对策

（1）分析电子商务环境下企业的市场动向，更新营销理念

营销理念的创新就是通过学习别人先进的营销技术、营销管理制度以及营销活动运作机制。在网络环境下企业的营销机制已发生了很大的变化，由以前的企业单向营销，转向以网络为主的双向的互动营销，这样就对营销人员的创新提出了更高的要求，市场的选择权永远在消费者一端，在询价、对比方面都很有竞争力，所以企业营销人员必须具有：敏锐的市场意识，及时发现问题；提高服务质量意识；参与竞争的意识以及与他人合作的意识，及时跟进市场，帮助企业开发出短期、中期和长期规划，以寻求发展的立足点和突破口，在市场中使他们的产品具备质量、技术、价格优势等。

（2）结合企业实际，完善营销管理体制

①规范营销人员流动机制：一方面，企业要把好招聘关口，多吸收营销经验丰富、综合素质较好的营销人员；另一方面，企业要创造适合人才发展的环境，避免各种不公平的竞争，提供较好的福利条件留住营销业务精英。

②完善责任有效管理机制：实现层次化管理，通过构建企业良好的分级负责机制，使得各个环节都能得到监控，实现各部门相互监控，互相协调管理，以便在特殊时期实现合理调度，更好地为客户服务。

③构建绩效评估机制：企业结合自身的岗位设置，出台形影的绩效量化机制，如营销创新、形象以及服务态度和质量等，便于企业评估和控制，作为考核评优的依据。

④建立竞争激励的优胜劣汰机制：企业在实施营销活动过程中要及时把握营销人员的各种信息，实行能上能下的用人机制，增强营销组织的综合实力。

（3）针对网络市场变化，提高营销队伍的业务素质

由传统市场过渡到基于网络的现代市场，企业面对各种不断变化的商业信息，对该环境下的相关营销队伍也有了很高的要求，主要为：①要加强职业素质道德教育，不断推进所有的营销从业人员的能动性，端正对本职工作、对客户负责的态度；②要加强自身业务的学习，充分利用一切能够开展相关营销业务的平台进行业务交流改进的能动性，同时要注重同行业的发展水平，以弥补自己的不足；③要重视人才的调用，采用相应的考评和外援补充，使营销服务过程发展均衡，提高企业自身的竞争力。

第四章 电子商务背景下企业的营销渠道

第一节 电子商务推动企业营销渠道变革

一、传统营销渠道分析

市场营销学之父菲利普·科特勒在《营销原理》一书中指出:"一条市场营销渠道是那些配合起来生产、分配和消费某一生产者的货物或劳务的所有企业和个人。它包括某件货物或劳务从生产者向消费者转移时,取得这种货物或劳务的所有权或帮助转移其所有权的所有企业和个人,即商人中间商和代理中间商。此外它还包括处于营销渠道的起点和终点的生产者和消费者,以及资源供应者、辅助商等。"从定义可以看出,营销渠道是一个组织,是生产商、批发商还有零售商等相互联系和依赖的实体的集合。它要求集合中的每个成员都要为共同的目标发挥自己的作用,使商品销售获得利润,最终使供应链上各组织成员的利益实现"双赢"或"多赢"。运作营销渠道是一个"过程",营销渠道就是产品和服务从制造商传递到消费者,经过的各中间商连接的通路。

1. 传统营销渠道结构

产品在从生产者到消费者转移的过程中,渠道成员之间会发生信息流、商流、物流和资金流的业务联系,这些业务联系构成了"渠道流程"。正是渠道流程中的四种流将渠道成员有机地联系在一起。生产企业可以通过信息流实现顾客信息的搜集、反馈及产品的促销,顾客也可以将自己的需求信息传递给生产企业和供应商;营销渠道的各个成员逐次往上一级订购产品,到厂家时就形成批量订货,这就构成了商流;物流是产品实体在营销渠道中的运动、物流水平的高低直接影响产品的价格及流动效率;在供应链中资金的流动、资金的融通关系到企业能否获得长期的生存和发展。

营销渠道既然是一个组织,便有其结构——营销渠道结构。博斯(Burce)提出了较权威的渠道功能和渠道结构的定义,他认为渠道功能是渠道成员所从事的各种类型的作业任务,这些作业任务可以以不同的组合分配给渠道成员,而渠道结构是拥有一定作业任务的渠道成员间的关系。

营销渠道根据在生产者和消费者之间是否使用中间商或其使用的类型和多少,分为图4-1 中的五种,不同结构,也可简单划分为直接营销渠道和间接营销渠道。间接营销渠道是没有中间商介入的,生产者直接把产品转移到消费者的营销渠道。间接营销渠道指产品从生产者转移到消费者要经过中间商的营销渠道。间接营销渠道根据产品经过的中间商的多少划分为不同层次的营销渠道。影响渠道结构的关键因素要有服务和营销成本。营销渠道通过执行一定的职能和过程来提供服务。提供服务项目的多少、服务水平的确定，均取决于企业所掌握资源的多少、渠道成员的能力，以及客户需求的数量、渠道成员的资源与用户需求数量相互作用的结果，在考虑以上因素后就形成了渠道的结构。

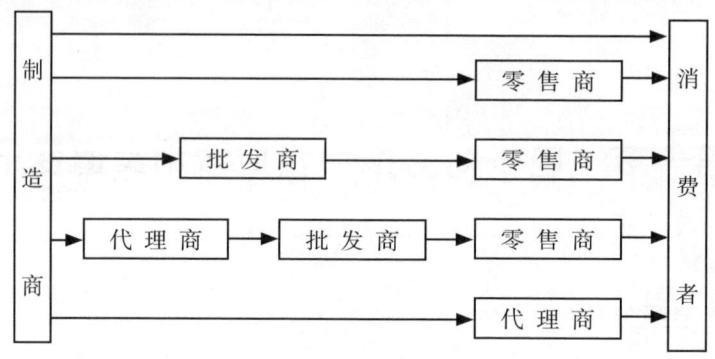

图 4-1　传统营销渠道

2. 传统营销渠道的不足

传统营销渠道为实现企业与市场的对接，多采用间接营销渠道，注重营销渠道的层次、长度、宽度、深度等方面。随着电子商务的广泛应用，营销理念的不断发展，传统渠道结构在提高企业的灵活性及适应性，特别是在把握消费者需求等方面存在着许多无法克服的缺陷。

（1）信息传递效率低

传统营销渠道层次过多，受信息传递方式的限制，生产企业信息收集不全面，传递效率低下，企业无法及时了解消费者的意见，也无法有效进行产品和营销改进，以更好地满足消费者需求，从而失去了快速响应市场的能力。信息流的不畅、物流效率的低下，会降低资金流的效率，资金的短缺使企业不能合理安排生产、经销商无法进货，间接影响了供应链中的商流。由此可见，传统商务模式的营销渠道难以满足现代消费者个性、高效的需求模式。

（2）渠道开拓成本高

在传统营销渠道中，渠道的扩展意味着更多中间商的参与，企业不得不出让一部分的利润给分销商，终端客户也不得不承担高昂的最终价格，并且企业必须采用电视广告、专职人员促销的宣传模式，浪费了大量的人力和财力。

（3）难以有效控制渠道

在传统商务模式中，随着渠道的深入，企业和二级、三级中间商之间的关系越来越疏远，控制逐步减弱，到了最重要的终端客户，企业的控制力却几乎为零。

（4）物流效率低

在传统的营销渠道中，物流过程缺乏标准化技术。在传统营销渠道中，物流过程没有采取标准的条码技术、电子数据交换技术、全球卫星定位技术、地理信息系统、射频技术等，使生产企业、经销商及消费者缺乏对物流信息的了解、监控及调节，降低了物流的效率。

二、电子商务对传统营销渠道的影响

电子商务极大地丰富了营销渠道，使营销渠道由一元到多元、由简单变多样、由单项静止变为多项互动，缩短营销时间，提高营销效率，使原来的不可能变可能，实现了营销渠道质的飞跃。

1. 渠道关系的变化

电子商务促使了供应链资源优化整合，有助于稳定、紧密的渠道关系的形成。在传统的供应链条上，各环节彼此信息封闭，为了自己利益的最大化，企业和上下游之间的利益争夺激烈，彼此关系的基础倾向于互不信任，渠道运行不稳定。电子商务使渠道各环节的信息收集、分析能力增强，同时为了应对竞争的压力，渠道各参与主体不得不改变过去观念，由相互提防向彼此协作转化，力求双赢和多赢结果。在此基础上，渠道利用电子商务手段，整合业务流程、信息资源、人员协作过程，共享渠道设施、设备，构建知识共享体系，增强渠道的竞争力，进而实现与整个供应链的集成。

2. 电子商务打破了企业价值链环节

电子商务使得买卖双方可以更紧密地结合在一起，市场不再有形，成为无形的市场。电子商务使价值链中不再需要的机能消失。中间商和贸易商都会因为电子商务的兴起而逐渐消失，而增值的中间商都会兴起，例如专业行销公司、专业物流公司等。当企业采用传统的营销方式进行商务活动时，商品必须通过批发商、分销商等多种中间渠道才能到达顾客手中，这一过程在整个商务活动中形成了一个价值链，共同分享了商务活动中产生的利润，电子商务已打破了这种价值链的局限。

3. 渠道权力发生变化

在电子商务环境下，终端零售商的权力增强，制造商对营销渠道的控制力增强。信息技术的发展非常有利于零售商力量的增强，他们掌握着产品销售与客户需求的全面数据，从而增强了零售商讨价还价的能力，而这对制造商的赢利能力造成了极大的压力。电子商务的引入使得制造商的信息权力不断扩大，通过网络直接接触顾客，降低对中间商发布和反馈市场信息的依赖，获得更多的权力。在制造商完全绕开中间商的电子商务直销模式下，制造商几乎可以获得完全的渠道控制权。

4. 新型中间商的出现

新型中间商包括实际中间商和网络中间商。实际中间商是在电子商务环境下借助信息技术积极进行业务创新、组织创新和管理创新，改变传统的信息获取、交换和处理方式，提高与生产者和消费者的沟通效率，提高服务质量创新、有效降低了交易成本的传统中间商；而网络中间商以服务器、工作站和各种网络设备作为技术支持，实现了传统中间商的所有功能，同时还具备了传统中间商不具备的新功能。网络中间商利用电子信息网络，融合了互联网技术，搜集生产者和消费者的信息，定期在生产者和消费者之间传送，拉进消费者与所需商品或者服务之间时间和空间的距离，形成一个良性循环。它由此提高了中间商的交易效率、专门化程度和规模经济效益。

三、电子商务对市场营销理论的丰富与完善

1. 电子商务时代企业经营环境的变化

（1）市场交易范围扩大

在电子商务背景下，销售环节逐步减少，交易和支付手段更加方便，信息传播和沟通渠道的增加都促进了市场全球一体化的发展。电子商务的开放互联性质，使经济活动越来越摆脱地域的限制，市场迅速成为全球性的市场，为企业提供了广阔的潜在市场。

（2）消费者逐渐取得交易主权

消费者变得更加富有理智和主动，网络的支持使得消费者获得了表达自己需求的机会和空前规模的商品选择余地。电子商务解决了消费者理论上的主导性与现实中的被动性的矛盾，使消费者消费行为产生主导性，可以在网络上与厂商进行大量的信息交流，双向互动的沟通方式提高了顾客的参与的积极性，使企业的决策有的放矢，从根本上满足顾客的需求，使"一对一"的营销成为可能。

（3）营销活动从单向沟通走向双向沟通

电子商务比传统商务更具双向沟通的营销管理观念，企业在重视客户的信息的同时，可以利用网络有效激发客户对本企业的参与感，通过多种网络形式进行及时的信息反馈和积极的相互沟通，有利于企业迅速准确地把握市场，获得不断发展的动力和源泉。网络营销通过企业与消费者的不断交互，清楚地了解每个消费者个性化的需求，更好地满足其个性化需求；同时电子商务还进一步强调了开放与合作的观念，企业与供应商、中间商、消费者、竞争者等行为主体进行合作，组成联盟，使信息共享，最大限度地满足消费者要求。在客户服务方面，各种客户关系管理系统及网上的商对客（B2C）系统等都可用于扩大客户接触面。

（4）产品交易与顾客关系并重

在电子商务环境条件下，企业从一开始就着眼于全球营销，全球各地借助于互联网也能比较容易地了解到企业的产品及其销售状况，为此消费者的口碑好坏对企业的营销具有非凡的影响力。消费主权的取得和网络技术的普及，使得客户不再受地域的限制、也不会像以往那样忠实地只做邻近厂商的老主顾，不再仅仅将目光集中在最低价格上。在电子商务模式下，可能所有竞争对手都是在线商家，用户移动鼠标即可轻易转向竞争对手。为此，一个快速、柔性的交付模式和流畅的后勤支持和配送体系，将是企业网络营销取胜的关键所在。

（5）企业差异化营销与降低成本的统一

通常情况，减少平均成本要求增加销量，而增加销量必然选择差异化营销，则导致经营成本的提升。但是在电子商务影响下营销模式构建以后，即使在顾客需求呈现出很强的个性化情况下，整个企业也不会造成经营成本的提升，相反会降低成本。因为企业信息平台同时兼具渠道、促销、电子交易、互动顾客服务以及市场信息收集分析与提供的多种功能，可以将原料采购、产品生产、销售、银行汇兑、保险、物流配送等集成一个平台，无须人员干预就能做到在较短的时间内完成，大大减少了传统营销方式中的延误与丢失。提

高企业内外部信息传递的效率,把企业总部、代理商以及分布在其他国家或区域的机构联系在一起,及时对各地市场情况做出反应。

2. 电子商务对现代营销理论的完善

(1) 消费者的主导性得到增强

传统市场营销理论中的消费者在理论上是具有主导性的,但在现实中恰恰相反,是被动性的。电子商务的出现使消费者消费行为的主导性得到改观,消费者在网上与厂商进行大量的信息交流,双向互动的沟通方式提高顾客参与的积极性,更重要的是它能使企业的决策有的放矢,从根本上满足顾客的需求。消费者会通过各种可能的途径与企业充分沟通,进行商品或服务的分析比较,从中获得了心理上的平衡,减轻了风险感,增强了对企业和产品的信任和心理满意度。顾客不再仅仅是对象或目标,而是参与者和控制者,成为企业的合作者。

(2) 消费需求个性化满足的突破

现代市场营销理论以市场为导向,以产品交换为核心,以满足消费者需要为目的。但是标准化的生产方式与个性化的消费满足存在矛盾,并预示着要以牺牲消费者的个性化消费满足为代价。虽说市场细分理论局部地缓解了这一矛盾,但在大规模产品生产方式和传统的同质化、大规模营销中,消费者的个性仍然被压抑、被淹没。电子商务的出现使定制营销盛行,网络上的促销是一对一的、非强迫性的、循序渐进式的,消费者只需利用搜索引擎就可以找到符合自己要求的、特殊规格和颜色的个性化产品。企业通过网络反馈的大量可变信息,了解到消费者的不同需求,从而使面对消费者的营销活动更趋个性化。在网络经济环境中,企业更加强调"需求方规模经济"作用,企业规模不再是优势,企业成功的关键是提供与众不同的产品和服务。

(3) 满足消费者需要的假设得以实现

在电子商务环境下,由于网络信息的完全性与传播的快捷性,使消费者理性预期的作用大大加强,从而使信息的不对称性逐步消失。对于交易双方而言,网上信息基本上是完全的,双方的区别在于如何处理及反馈相应信息。尽管企业在国际营销中,可能会因为国别的不同、政治上的分歧、文化的差异以及企业的大小,或多或少受到不公平的待遇或影响,但是电子商务是一个平等的世界,创造了一个平等的全球社区,人人都可以在此进行平等的交易,也就是说,只有电子商务模式才会使现代营销理论的完全信息条件下满足消费者需要的假设得以实现。

第二节　电子商务背景下企业营销渠道选择

一、电子商务背景下企业营销渠道模式分析

1. 传统渠道与网络直销渠道相结合

传统渠道与网络直销渠道相结合即制造商既使用传统渠道又使用网络直销渠道直接与顾客接触，如图 4-2 所示。对制造商而言，网络直销渠道最大的吸引力在于可直接向消费者销售商品，大幅度降低交易成本。但同时出现的传统营销渠道和电子渠道的冲突，特别是制造商与中间商互相争夺顾客，损害了彼此的关系，使制造商的渠道管理和协调变得更加复杂，成本急剧上升。

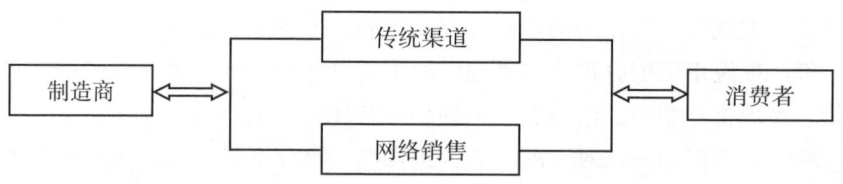

图 4-2　传统渠道与网络直销渠道相结合

在这种渠道模式下，制造商面临着是否进行网络直销的选择。一方面，网络给制造商提供了很多好处，除了可以缩减成本、领导时尚潮流、促销产品、及时的产品定购和订单处理外，特别是在原有渠道受阻的时候还可以作为产品线较宽及生产能力较强的企业新的产品流出通道。网络直销会在与竞争对手的竞争中争取更多的市场份额。另一方面，制造商担心网络直销会影响现有的分销网络关系，使渠道协调成本增加，特别是再中介化的威胁，很可能会使中间商退出，使原有营销渠道崩溃。因此，网络直销渠道在带给制造商利益的同时，在渠道管理协调方面也提出了挑战，但这并没有阻碍其发展，因为新的管理理论和方法在不断地推陈出新，为新旧渠道冲突的解决提供了可行的方案。此外，传统制造商采用网络直销渠道可以实现权力的制衡。过去 20 多年中经济影响的重心已经从制造商转移到分销商，制造企业间的激烈竞争为零售商对制造商提出强硬要求提供了机会，渠道的控制权逐渐由零售商取得，成了市场渠道的控制者。双重渠道的采用对制造商而言是应对上述问题的一种有效营销渠道策略。在线销售的最大特点就是可以绕开中间商，直接与消费者接触。因此，传统中间商就面临着被排除的危险。正是这一压力，使得渠道的权力又渐渐地向制造商转移，实现了渠道权力的制衡。

2. 中间商分销模式

中间商分销模式指传统中间商特别是零售商既从事实体业务又从事网络销售业务，如图 4-3 所示。实际上，受电子商务影响最大的是传统中间商。

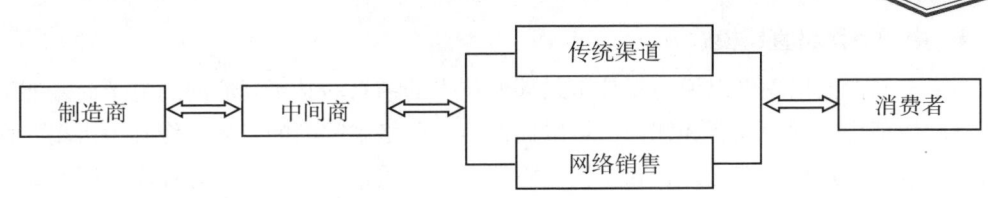

图 4-3 中间商分销模式

网络营销可以把买方和卖方直接联系起来，并且提高了效率，降低了交易成本，产生了更有效率的无摩擦市场。因此，中间商的作用就会削弱甚至被取消。面对这种被取缔的命运，中间商是不甘心的，他们在不断创造一些新的功能如集成、信赖提供、简易化和匹配等来适应这个新时代的同时，着手建立网络营销渠道。网络营销渠道可以提供给中间商更多接触消费者的机会，还可以使他们更好地控制销售和营销活动，支持现存的非网络渠道，使其通过网站进入他们所希望的市场，减少交易成本。

这种模式也有其缺点，比如商品的调换和退货问题，商品在一渠道里展示却在另一渠道里销售或者是在一个渠道里销售，却可以在其他渠道中退货或调换；原有的应用于非在线储存的分销库存系统会与新的应用于在线储存的中心库存管理信息系统进行竞争，虽然可以尝试把两者集成，但相应的，两者协调的成本将会进一步增加。因此，同采用二元渠道策略的制造商一样，传统中间商建立网络营销渠道后，所面对的挑战主要也是管理协调而非技术方面的问题。同时，新兴的中间商也对传统中间商产生了冲击。基于互联网的新型网络间接营销渠道与传统间接分销渠道有着很大不同，传统间接分销渠道可能有多个中间环节如一级批发商、三级批发商、零售商，而网络间接营销渠道只需要一个中间环节。

3. 制造商网络直销模式

传统制造商经过多年的辛苦建立了非网络销售的营销体系，并精心地进行着维护和完善。因此，他们很难完全取缔原有的传统渠道而从事完全网络销售。对传统制造商而言，没必要完全取缔中间商，可以采用传统渠道与网络渠道相结合的结构的策略。但新兴起的制造商没有这样的顾虑，他们可以在公司成立时起，就直接采用网络营销渠道。

这种模式优势主要有两个：①价格优势，因为没有中间商，产品可以从制造商直接送到消费者手中，从而取消了二级价格差，使得制造商可以以更低的价格向他的最终消费者提供产品；②降低库存成本，采取定制式营销没有成品库存，如戴尔公司的生产力属于定制式，即只有消费者通过电话或戴尔的网站定制产品后，公司才开始根据顾客的要求进行生产，节省库存及管理费用，避免了许多风险，同时也给顾客提供了高度个性化的服务。

这种模式的不足之处在于它不是对所有的产品和服务类型都适用的。除个人计算机外，图书和酒类很容易借助互联网进行销售，因为这些产品不需要大量的描述。但非常时髦的产品展示起来就有困难了，如在线销售的时装退货率相当高。数字产品虽然不会遇到与物理产品相关的物流方面的问题，却可能遇到定价和版权管理方面的麻烦，因为它们可以被拷贝，如音乐、软件等产品。另外，物流支持可靠性以及顾客服务质量趋于多样化，都可能成为决定这种运营模式成败的关键因素。

4. 中间商网络直销模式

网络中间商的出现可以说是新技术毁灭旧技术的结果。基于互联网的电子商务能通过中间商产生新型的规模经济和知识,可以促使新型网络中间商的发展。像其他市场一样,网络市场也需要定价、交易过程和协调、库存管理、质量保证和控制等程序。因此,当电子商务市场的成长在使某些特定类型的中间商,如传统中间商消亡的同时,电子商务市场会通过促进新型电子中间商的成长来弥补由于旧中间商的消亡而造成的市场缺陷。

这些新型的网络的中间商共同的特点是没有传统的零售实体地址,其功能是通过使用计算机网络技术把制造商或零售商直接与最终消费者连接起来提供信息化的服务。这些网络业务的开展,创造了一些新的商业模式,如报价模式、寻求最佳价格模式、动态经纪模式、电子出价模式等等。

与新型中间商比起来,传统中间商从事完全网络销售的最大障碍在于他们在非网络交易资产上的大量投资,这些投资使得他们很难完全转换到网络销售上,如何处理实体资产如商场、店铺,以及员工的安排等等都是很难解决的问题。此外,在电子商务市场中如何重新布置他们的能力也需要仔细考虑。当然也有些传统中间商通过管理创新及一系列改进,进行网络销售,开拓网上市场。

二、渠道选择的影响因素分析

1. 外部环境因素

(1) 宏观经济政治环境

国际国内经济发展的态势、经济周期、社会文化环境等是企业在选择渠道模式时必须考虑的因素。

经济环境是一个国家或地区的经济制度和经济活动水平,它包括经济制度的效率和生产率,与之相联系的概念可以具体到人口分布、资源分布、经济周期、通货膨胀、科学技术发展水平等等。经济环境对渠道的构成有重大影响,例如,西方国家以自助服务出售食物为主的超级市场的出现,是以科学技术发展到一定水平,消费者能看懂包装上的文字为前提的。

社会文化环境包括一个国家或地区的思想意识形态、道德规范、社会风气、社会习俗、生活方式、民族特性等许多因素,与之相联系的概念可以具体到消费者的时尚爱好和其他与市场营销有关的一切社会行为。

(2) 竞争环境

竞争环境是其他企业对分销渠道及其成员施加的压力,也就是使该渠道的成员面临被夺去市场的压力。竞争会影响渠道行为,渠道成员在面临竞争时有两种基本选择:一是与竞争对手进行同样的业务活动,但必须比竞争对手做得更好;二是可以做出与竞争对手不同的业务行为。另外,现在有些企业与竞争对手合作,开发共同的电子商务平台,形成既竞争又合作的关系。

(3) 国家的有关法律法规

渠道的良好运行是以法律为保障的,尤其是在电子商务环境下,需要完善的针对电子商务安全、信任等方面的法律。同时，法律因素也会影响渠道的决策，法律规定禁止"可能会严重减少竞争或者倾向于垄断"的各种渠道安排。

2. 内部环境因素

（1）企业自身因素

企业的整体发展战略目标对渠道建设费用的支持程度，一般来说是影响企业的渠道选择的首要因素，企业的渠道模式只有支持企业的整体发展战略目标的实现才算是有效渠道模式。比如某制造商为了实现其战略目标，在策略上需要控制市场零售价格，需要控制分销渠道，就要加强销售力量，从事直接销售，使用较短的分销渠道。但是制造商能否这样做又取决于其声誉、财力、经营管理能力等。企业对销售渠道的管理能力、分销及市场经验等也是非常重要的影响因素。

（2）产品因素

产品与服务适合哪种类型的营销渠道需要考察分析，主要考虑产品标准化程度、产品质量、购买规模、产品归类及可获得性等因素。许多产品已经由本身特性决定不适合网络营销，硬要搬上网络，必然失败。人们的消费观念、对网络购买行为的偏好在不断增加。有些产品原来不适合网络销售，随着人们观念的转变以及一些技术难题的攻克，可能就变得适合网络销售。因此，企业在选择销售渠道时应当充分考虑产品的特性，如价值大小、体积与重量、时尚性、技术性和售后服务、产品数量、产品市场寿命周期等因素。

（3）市场因素

生产商以消费者需求为出发点，根据消费者需求及购买行为细分市场。不同的顾客群体对产品的需求和在购买过程中表现出的行为是不同的。按照劳伦斯·G.弗里德曼的观点，根据客户对一个渠道的接受程度和意愿将客户希望利用的购买渠道和他们真正的购买行为衔接起来，是形成一个成功渠道的关键内容。不同的行业中，市场还可以根据行业特点进一步细分。以工业品市场为例，美国学者兰根将工业品市场划分为四个消费群体：程序购买者、关系购买者、交易购买者和竞价购买者。生产商对细分市场渠道偏好的考察，可以用价格敏感度、服务敏感度和营销需求三个指标判别；还要考察市场覆盖率、建设成本、市场竞争力。考察潜在顾客的状况，市场的地区性，消费者购买习惯，商品的季节性、竞争性、销量等因素对选择营销渠道结构都是重要的。

3. 其他因素

（1）经济因素

企业要考虑的主要因素是所需支付的成本与所获得的收益或利润。电子商务渠道的巨大优势吸引着众多企业，原有的制造商要计算采用新渠道所要花费的成本及预期带来的利润。新兴企业则不受考虑转变营销渠道带来的一系列问题的困扰，但是也要选择适合企业发展的渠道。

（2）渠道支持体系建设水平

企业无论采用传统渠道还是网络营销渠道，都需要与之配套的支撑体系确保物流、资金流、信息流的畅通，主要包括物流水平、信息化水平及客户关系管理等。

三、电子商务背景下的企业营销渠道选择

随着电子商务的广泛应用,市场细分和营销渠道的不断增加,存在多种营销渠道结构。企业需要对营销渠道进行选择,既可以采用传统的单一的营销渠道也可以同时采用传统渠道与网络渠道。因此,企业需要对可以选择的各营销渠道进行评价,根据评价结果决定选取何种营销渠道模式。由于影响渠道选择的因素较多,在评价过程中未必能准确获取所有数据,存在着部分信息不完全、不明确的情况,企业可把渠道选择看作一个灰色被评对象,采用灰色评价方法评价营销渠道。

1. 企业营销渠道选择评价指标体系

企业对营销渠道的选择涉及因素很多,既有定性的,又有定量的,而且权重各不相同。因此建立指标体系应遵循以下原则:系统性原则,要考虑整个供应链的发展;独立性原则,各评价指标之间,应尽可能避免包含关系,各指标应该相互独立;可比性原则,各评价指标在各个渠道之间应具有可比性,从而有利于在多个渠道之间比较,择优选择;动态性原则,企业可根据不同的需要对评价指标体系进行修改、增加和删除,并结合具体情况将评价指标进一步具体化。

把营销渠道大致分为三种类型:甲——传统营销渠道;乙——网络营销渠道与传统营销渠道结合;丙——网络营销渠道。企业在进行渠道选择时也可依据自身情况改进。

2. 渠道选择灰色评价模型

根据灰色系统评价方法的数学原理,首先将各评价指标分为不同的灰类,然后建立隶属于各个灰类的权函数,以定量地描述某一评价对象隶属于某个灰类的程度。对具有多层次评价指标的体系,可在子系统评价的基础上再对上一层次加权综合,以反映系统的整体状况。具体计算步骤如下。

(1)确定评价指标集

根据设计的评价指标体系,共有两层因素集,第一层为主因素集,第二层为次因素集,评价指标共有4个:

$U = \{U_1, U_2, U_3, U_4\}$, $U_1 = \{U_{11}, U_{12}, U_{13}, U_{14}\}$, $U_2 = \{U_{21}, U_{22}, U_{23}, U_{24}\}$

$U_3 = \{U_{31}, U_{32}, U_{33}, U_{34}\}$, $U_4 = \{U_{41}, U_{42}, U_{43}, U_{44}\}$

(2)确定指标评分等级

本研究中,所有指标分为优、良、中、差四个等级,对应分值分别为4,3,2和1。指标等级介于两相邻等级之间时,相应评分值为3.5,2.5和1.5。具体等级标准由各专家根据经验确定。

(3)确定各评价指标的权重

一般来说,影响评价对象的各个指标其影响程度是不同的。某些指标较为重要,考虑的分量重一些,而另一些指标分量则轻一些,所以应根据各指标的重要程度赋予其相对应的权数。权重集可通过德尔菲法或层次分析法求解获得。具体表述为:

第一层权重集：$A = \{A_1, A_2, A_3, A_4\}$；

第二层权重集：$A_i = \{A_{i1}, A_{i2}, \cdots, A_{ik_i}\}$，$i = (1, 2, 3, 4)$；

其中，每层权重集应满足归一性和非负性。

（4）组织评价者评分

设评价者序号为 m，$m=1, 2, \cdots, p$，即有 p 个评价者。组织 p 个评价者根据各指标实测值和专业经验对 S 个受评对象按评价指标评价等级进行打分，并填写评价专家评分表。

（5）求评价样本矩阵

根据评价者评价结果，即根据第 m 个评价者对第 S 个受评对象按评价指标 U_{ij} 给出的评分 d_{ijm}（$i = 1, 2, 3, 4$；$j = 1, 2, \cdots, k_i$；$m = 1, 2, \cdots, p$），求得第 S 个受评对象的评价样本矩阵 $\boldsymbol{D}^S$：

$$\boldsymbol{D} = \begin{bmatrix} d_{111} & d_{112} & \cdots & d_{11p} \\ d_{121} & d_{122} & \cdots & d_{12p} \\ \vdots & \vdots & \vdots & \vdots \\ d_{4k_41} & d_{4k_42} & \cdots & d_{4k_4p} \end{bmatrix}$$

（6）确定评价灰类

确定评价灰类就是要确定评价灰类的等级数、灰类的灰数及灰类的白化权函数。具体要确定的内容一般情况下视实际评价问题而定。通过分析上述评价指标的评分等级标准，这里决定采用四个评价灰类，灰类序号为 e，$e=1, 2, 3, 4$ 分别表示"优""良""中""差"。其相应的灰数及白化权函数如下：

第一灰类"优"（$e=1$），设定灰数为 $\otimes_1 \in [3, 4, \infty)$，白化权函数为 f_1；第二灰类"良"（$e=2$），设定灰数为 $\otimes_2 \in [2, 3, 4]$，白化权函数为 f_2；第三灰类"中"（$e=3$），设定灰数为 $\otimes_3 \in [1, 2, 3]$，白化权函数为 f_3；第四类"差"（$e=4$），白化权函数为 f_4，设定灰数为 $\otimes_4 \in [0, 1, 2]$；它们的表达式如下：

$$f_1(d_{ijm}) = \begin{cases} d_{ijm} - 3 & d_{ijm} \in [3, 4) \\ 1 & d_{ijm} \in [4, \infty) \\ 0 & d_{ijm} \notin [3, \infty) \end{cases} \quad f_2(d_{ijm}) = \begin{cases} d_{ijm} - 2 & d_{ijm} \in [2, 3] \\ 4 - d_{ijm} & d_{ijm} \in [3, 4] \\ 0 & d_{ijm} \notin [2, 4] \end{cases}$$

$$f_3(d_{ijm}) = \begin{cases} d_{ijm} - 1 & d_{ijm} \in [1, 2) \\ 3 - d_{ijm} & d_{ijm} \in [2, 3] \\ 0 & d_{ijm} \notin [1, 3] \end{cases} \quad f_4(d_{ijm}) = \begin{cases} 1 & d_{ijm} \in [0, 1) \\ 2 - d_{ijm} & d_{ijm} \in [1, 2] \\ 0 & d_{ijm} \notin [0, 2] \end{cases}$$

（7）计算灰色评价系数

对评价指标 U_{ij}，第 S 个受评者属于第 e 个评价灰类的评价系数记为 u_{ije}，则有 $u_{ije} = \sum_{m=1}^{p} f_e(s_{ijm})$，$u_{ij} = \sum_{e=1}^{4} u_{ije}$。

（8）构造灰色评价权矩阵

所有评价者就评价指标 U_{ij}，对第 S 个受评者主张第 e 个灰类的灰色评价权，记为

r_{ije}，则有 $r_{ije} = \dfrac{u_{ije}}{u_{ij}}$。评价灰类有 4 个，则第 S 个受评对象的评价指标 U_{ij}，对于各灰类的灰色评价权向量为 r_{ij}：

$$r_{ij} = (r_{ij1}, r_{ij2}, r_{ij3}, r_{ij4})$$

综合 U_i 所属指标 U_{ij} 对于评价灰类的灰色评价权向量，得受评者对指标 U_i 的灰色评价权矩阵为 R_i：

$$R_i = \begin{bmatrix} r_{i1} \\ r_{i2} \\ \vdots \\ r_{ik_i} \end{bmatrix} = \begin{bmatrix} r_{i11} & r_{i12} & r_{i13} & r_{i14} \\ r_{i21} & r_{i22} & r_{i23} & r_{i24} \\ \vdots & \vdots & \vdots & \vdots \\ r_{ik_i1} & r_{ik_i2} & r_{ik_i3} & r_{ik_i4} \end{bmatrix}$$

若 r_{ij} 中第 q 个权数最大，即 $r_{ijq} = \max(r_{ij1}, r_{ij2}, r_{ij3}, r_{ij4})$，则评价指标 U_{ij} 属于第 q 个评价灰类。

（9）对 U_i 做一级综合评价

令受评对象 S 对指标 U_i 的综合评价结果为 B_i，有

$$B_i = A_i \times R_i = (b_{i1}, b_{i2}, b_{i3}, b_{i4})$$

（10）对 U 作二级综合评价

由 U_i 的综合评价结果 B_i，得受评对象 S 所属指标 U_i 对于各评价灰类的灰色评价权矩阵 R：

$$R = \begin{bmatrix} B_1 \\ B_2 \\ B_3 \\ B_4 \end{bmatrix} = \begin{bmatrix} b_{11} & b_{12} & b_{13} & b_{14} \\ b_{21} & b_{22} & b_{23} & b_{24} \\ b_{31} & b_{32} & b_{33} & b_{34} \\ b_{41} & b_{42} & b_{43} & b_{44} \end{bmatrix}$$

对受评对象 S 的综合评价结果为 R：$R = A \times R = (b_1, b_2, b_3, b_4)$。

（11）综合评价

根据综合评价结果 B，可以按取最大原则确定受评对象所属灰类等级，也可先求出综合评价值 $W = R \times C^{\mathrm{T}}$。其中，$C$ 为各灰类等级按"灰水平"赋值形成的向量，设置为 $C^{\mathrm{T}} =$（4，3，2，1）。然后根据综合评价值 W、参考灰类等级对受评对象系统进行综合评价。

3. 模型的应用

本研究通过一个例子说明模型的可行性。假设某制造企业，为应对电子商务的挑战，对可以选用的营销渠道进行评估，对甲、乙、丙三种营销渠道的评价值分别记为 W_1、W_2、W_3。通过层次分析法得到如下对乙种渠道评价指标的资料，U_{ij} 层对 U_i 层的权重向量分别为：

$A_1 = \{A_{11}, A_{12}\} = \{0.4, 0.6\}$，$A_2 = \{A_{21}, A_{22}, A_{23}, A_{24}, A_{25}\} = \{0.15, 0.3, 0.15, 0.15, 0.25\}$，

$A_3 = \{A_{31}, A_{32}, A_{33}, A_{34}\} = \{0.25, 0.3, 0.15, 0.3\}$，

$A_4 = \{A_{41}, A_{42}, A_{43}, A_{44}\} = \{0.35, 0.25, 0.25, 0.15\}$。

U_{ij} 层对 U 层的权重向量为：$A = \{A_1, A_2, A_3, A_4\} = \{0.35, 0.25, 0.25, 0.15\}$。

利用上述模型对数据进行处理，得到受评者对指标 U_i 的灰色评价矩阵为：

$$R_1 = \begin{bmatrix} 0 & 0.7 & 0.3 & 0 \\ 0.1 & 0.8 & 0.1 & 0 \end{bmatrix}$$

$$R_2 = \begin{bmatrix} 0.4 & 0.6 & 0 & 0 \\ 0.7 & 0.3 & 0 & 0 \\ 0 & 0.8 & 0.2 & 0 \\ 0.1 & 0.8 & 0.1 & 0 \\ 0 & 0.7 & 0.3 & 0 \end{bmatrix} \quad R_3 = \begin{bmatrix} 0.2 & 0.8 & 0 & 0 \\ 0.2 & 0.8 & 0 & 0 \\ 0 & 0.6 & 0.4 & 0 \\ 0.3 & 0.7 & 0 & 0 \end{bmatrix} \quad R_4 = \begin{bmatrix} 0.2 & 0.8 & 0 & 0 \\ 0.2 & 0.9 & 0.1 & 0 \\ 0.6 & 0.4 & 0 & 0 \\ 0.5 & 0.5 & 0 & 0 \end{bmatrix}$$

得 $R_1 = A_1 \times R_1 = (0.06, 0.76, 0.18, 0)$，$R_2 = A_2 \times R_2 = (0.285, 0.595, 0.12, 0)$，

$R_3 = A_3 \times R_3 = (0.2, 0.74, 0.06, 0)$，$R_4 = A_4 \times R_4 = (0.295, 0.68, 0.025, 0)$。

则

$$R = \begin{bmatrix} B_1 \\ B_2 \\ B_3 \\ B_4 \end{bmatrix} = \begin{bmatrix} 0.06 & 0.76 & 0.18 & 0 \\ 0.285 & 0.595 & 0.12 & 0 \\ 0.2 & 0.74 & 0.06 & 0 \\ 0.295 & 0.68 & 0.025 & 0 \end{bmatrix} \quad C^T = \begin{bmatrix} 4 \\ 3 \\ 2 \\ 1 \end{bmatrix}$$

$B = A \times R = (0.1865, 0.70175, 0.11175, 0)$，综合评价值 $W_2 = B \times C^T = 3.07475$。

按照同样的方法可计算出其他营销渠道的评价值。因此，该企业根据评价结果决定选择合适的营销渠道。

第三节　电子商务背景下企业营销渠道整合

电子商务背景下对企业营销渠道的整合可以有效地解决渠道冲突、提高渠道的效率，使各渠道成员通过整合达到共赢。

一、整合的必要性

1. 渠道需要资源整合

在知识经济时代，企业营销环境面临一系列的改变，如产品种类繁多，消费者需求日益多样化，企业应该整合思想，细分市场，建立不同的营销渠道，然后利用多渠道管理方法协调营销者之间、营销者与消费者之间的关系，通过建立渠道知识共享平台，实现渠道资源的内部化整合。从知识管理角度看，营销渠道不仅是一个产品的销售途径，更是一个营销信息传递的渠道。不同渠道成员所拥有的知识资源往往是各不相同而又相互补充的。这种异质而又互补的知识资源聚合而成的营销渠道的知识共享平台，最大限度地满足了渠道成员之间、渠道成员与消费之间的沟通与交流，将产品的信息和市场的信息迅速传递，增强了渠道的透明度，有效建立了营销渠道成员的信任机制，最大限度地发挥了各渠道成

员的优势，为营销渠道提供了持续的竞争力。

企业间的竞争越来越体现为供应链的竞争，而营销渠道在创造整体链条竞争优势方面越来越体现出不同寻常的能力。网络营销渠道不是传统渠道的替代，而是对传统渠道的补充。因此，营销者有必要从价值链管理的角度出发，以生产商对包括供应商、中间商、最终消费者等环节的统一协调为整合企业营销渠道的前提，以信息系统的建立和运用为企业营销渠道整合的基础，整合电子商务背景下的企业营销渠道，确保达到营销渠道整合的目的。

2. 整合的假设条件

在电子商务背景下的企业营销渠道整合模型提出之前，对模型建立和模型有效运作的条件进行适当假设。

假设一：企业的电子商务水平比较高，已经在营销活动中采用电子商务并努力寻求最优的渠道组合。

假设二：企业营销渠道各个环节的企业对自己在该系统所处的地位都有比较清楚和实际的认识，对自己在整个供应链流程中发挥的作用也有系统的了解。

假设三：制造商对营销渠道的整合活动可能产生的负面影响有所了解，如对营销渠道的整合可能导致企业规模的扩大或者渠道控制复杂度的加大，出现低效率；竞争机制的效应可能因为营销渠道环节的整合而产生折扣。制造商对负面影响产生的原因和相应的应对措施应该在进行渠道整合时就进行预测并考虑相应的对策。

构建电子商务背景下的企业营销渠道整合模型图4-4所示，接下来就整合的四部分内容进行较为详细的讨论和说明。

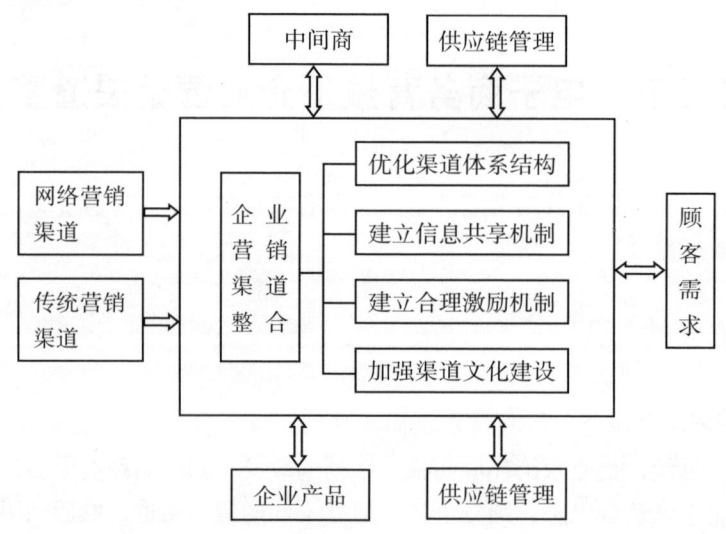

图 4-4　企业营销渠道整合模型

3. 优化渠道体系结构

以供应链系统优化，价值链增值为指导思想，剔除原有营销渠道中没有增值的部分，简化销售环节，科学合理地安排中间商的数量，使渠道扁平化。渠道扁平化既是渠道整合的目标也是手段，扁平化渠道便于企业控制其他渠道成员，企业更接近顾客，掌握更多、更全、更准确的客户信息，并且能够节约流通费用。因此，这一切就使得企业必须对分销渠道进行扁平化的改造。企业分销渠道扁平化，并不是对分销商的一刀切，而是对原有供应链进行优化，剔除供应链中没有增值的环节，使供应链向价值链转变。

（1）供应链上游的整合

营销供应链的上游即企业的供应商，下游延伸到最终的消费者，它们同属于一条供应链。供应链由所有加盟的节点企业构成，从原材料的供应商开始，包括供应链中的制造环节、分销环节到最终用户，以及相应的售后服务等环节。各个节点企业在需求信息的驱动下，应该进行职责分工与合作，以资金流、物流、服务流、信息流等来促进供应链的增值，从而实现整个营销渠道的作用和价值。

对企业供应链上游的整合实际上就是供应商与制造商之间的整合，是对相关联盟性质的企业进行业务流程再造。要始终围绕着营销业务流程的协调性与绩效的改善程度两方面，从实现信息流与经营流程的协调一致以及提高企业流程绩效两方面来确定企业营销流程改进方向，理解需要改进的核心流程，找出可以改进的环节，实施核心流程的再造。基于价值链分析的营销业务流程再造方法，不仅要从企业内部组成价值链的各个流程、各项活动进行价值分析，考察企业内部流程的合理性，同时要从企业外部，进行企业价值链的全面分析，综合决定是否对企业营销流程进行优化和彻底的再设计。

要想在电子商务时代获得成功，企业必须同其供应商进行无缝整合，与供应商建立紧密和相互依赖的联系。因此，要与供应商建立电子连接和网上实时交易系统。选择良好的供应商并同其维持稳定的合作关系将会使企业整体的供应链更具竞争力，为供应链的畅通打好基础。供应商的业绩、技术水平、供应能力、价格、产品质量、售后服务等都直接关系到企业的生产效率、稳定性和竞争能力。对现有的供应商进行整合，减少数量，不仅可以降低管理成本而且可以使买卖双方的关系更加牢靠。因此，对供应商的选择与评估变得至关重要，本文采用多色集合理论对其进行评估。

多色集合是一种新的系统理论和信息处理工具，其核心思想是使用标准的数学模型来仿真不同的对象（产品、设计过程、工艺过程、生产系统），它应用数理逻辑、矩阵论、模糊数学等工具对传统集合进行改进，使其能描述集合本身及其组成元素的性质以及集合本身性质与其组成元素之间的关系。由于存在标准的数学模型，多色集合在问题标准化研究方面比传统集合前进了一步。

对供应商的评估首先要确定评估指标，供应商评价系统的模型如表 4-1 所示。

表 4-1　供应商评价系统模型

F_1 / V_1	F_1	F_2	F_3	F_4	F_5	F_6	F_7	F_8	F_9	F_{10}
V_1	●	●		●		●	●	●		●
V_2		●	●	●			●		●	
V_3	●		●		●	●		●	●	●
V_4		●		●				●	●	●
V_5	●	●		●	●		●	●		●

注：$F_1 \sim F_{10}$ 分别为电子商务水平、技术水平、产品质量、供应能力、价格、地理位置、信誉、售后服务、交货提前期、快速反应能力；$V_1 \sim V_5$ 分别代表 5 个待选的供应商；●表示布尔矩阵元素为 $C_{ij}=1$，即第 i 个供应商在第 j 个指标方面的能力比较强。

可供选择的供应商用 V_1 表示，它们的传统集合记为 $A = (a_1, a_2, \cdots, a_i)$，与整合 A 整体对应的颜色集合记为 $F(A) = \{F_1(A), \cdots, F_j(A), \cdots, F_p(A)\} = \{F_1, \cdots, F_j, \cdots, F_p\}$。供应商 V_1 的各种属性的集合可以和多色集合中个人着色的概念相对应，表示为 $F(a_i)$。此模型是一个析取多色集合：

$$P \vee S = (A, F(a), F(A), [A \times F(a)], [A \times F(A)], [A \times A(F)])$$

企业通过该模型不仅可以对供应商进行选择，而且可以为供应商的整合提供决策支持。假设企业目前有 n 个供应商，通过对现有供应商的整合，竞争力较强的指标为：$\overline{F(A)} = \bigvee_{i=1}^{n} F(V_i)$。

当企业对某个指标的要求提高，要重新选择供应商时，企业可以先判断该指标是否在 $\overline{F(A)}$ 中，若在，则可通过对现有供应商进行组织和信息整合来满足需求，以降低企业的管理成本，巩固与原有供应商的关系。当然，企业对供应商的评价指标可以根据市场情况动态的变化，从中选取最优的合作伙伴。

（2）供应链下游的整合

销售渠道作为服务从供应链上游传递到最终消费者的唯一渠道，也是企业产品和服务的最终价值实现的关键环节，企业对销售渠道的整合是对整个营销渠道进行整合的重中之重。对企业销售渠道的整合过程分为以下步骤。

①科学决策合理实施。首先，从整个供应链的角度整合销售渠道，中间商和制造商所追求的最终目标是顾客满意。对于中间商，一是降低经营成本，增加销售收入；二是在制造商所主导整合的整个营销渠道中发挥其重要的战略协作伙伴的作用。对于制造商来讲，一是对销售渠道结构和关系的梳理和稳定；二是通过对营销渠道的整合增强自己对销售渠道的控制能力；三是通过对销售终端反馈的信息进行总结归纳，对整个营销渠道的信息化管理起到良好的作用。其次，确定所有能够提供这些和销售相关的服务的销售渠道整合方案，并评估各自的可适应性和改变销售渠道的成本。根据市场需求和产品特性确定销售渠道的组织结构，决定是否保留现有营销渠道模式和探索新型营销渠道模式。

销售渠道整合的实施，是建立在科学合理的决策基础之上的。前一个步骤的质量高低直接影响着整合实施过程的顺利与否。整合实施过程分为三个部分，现有销售渠道或网络的关系梳理，建立评估机制以进行现状的评估，对中间商进行筛选。对中间商的筛选（既包括对传统中间商的筛选也包括对网络中间商的筛选），首先要建立一个有效的评估机制，本研究也采用多色集合理论对其进行评价。对达到标准的中间商进行授权，同时加大资金、政策方面的支持，对达不到标准的中间商进行淘汰，或者限期整改，然后再决定授权与否。

②各渠道间的整合。企业利用互联网与网络分销商建立经销或代理关系，网络分销商通过互联网向消费者销售产品，客户获取信息和购买都在网上进行，同时不舍弃传统渠道。目前出现许多基于网络的提供信息服务的中介功能的新型中间商，可称为电子中间商。以信息服务为核心的电子中间商的功能主要有目录服务、搜索服务、虚拟商业街、网上出版、虚拟零售店、站点评估、电子支付、虚拟市场、智能代理等等。这些电子中间商的出现克服了网上购物信息搜寻盲目性的缺点，成为连接买卖双方的枢纽，使网络间接销售成为可能。传统渠道与网络直销渠道结合是现在企业采用最多的一种渠道整合方式。企业通过在

网上建立站点等方式开展网上直销，同时也不放弃传统分销渠道。该模式的缺点在于容易产生传统渠道和虚拟渠道的冲突。企业在原有传统渠道基础上建立一条网络分销渠道，有时会对传统渠道带来剧烈的振荡。

另外，企业还应根据自身的发展环境、发展状况及产品特性等，从提升企业价值的角度决定是否放弃中间商，采用纯在线销售模式，或者两者都采用。

4. 建立信息共享机制

企业创造价值的每一个过程都涉及信息的传递，因此营销渠道的信息系统的构建对营销渠道整合起着至关重要的作用，它可以对现有企业信息系统进行完善，使信息系统可以对信息流进行及时、有效的控制和利用；对信息系统的运作流程和其中存在的问题进行分析，提出针对营销渠道信息系统进行有效完善的方案。

（1）建立企业内部信息平台

信息平台的建立是其他支持体系发挥作用的必要前提。首先企业内部各个部门的信息网络，要整合成为统一的基础信息、平台；销售信息、客户信息、物流信息等都是建立在统一信息平台之上的信息子系统。整合的信息平台利用统一的营销系统、营销模式和管理控制方式来加强营销渠道各个环节的营销管理，提高营销渠道的市场运作效率。

企业内部运用网络技术整合企业信息。整合后的信息网络出于安全性的需要把网络相对封闭在企业内部。内部网技术的优势：真正实现跨平台的应用，保护旧有投资；实现新旧软件、数据库的无缝过渡；加强沟通、合作与协调；适用于企业灵活性的要求；提供统一的浏览器界面，方便运用。内联网技术的优越性为营销渠道各环节企业内部进行信息系统的整合创造了便利的条件，其廉价易用性使得不论企业规模大小都可以进行自身信息系统的整合。在内联网上，企业能将生产、营销、财务、人力资源等各方面整合起来，做好计划、采购、生产、发运和退货等环节的工作，实现对信息流、物流、资金流的一体化控制，有利于优化业务流程。

（2）企业间信息平台

供应链中各个环节企业之间的信息系统的整合，具体包括供应商、中间商、客户服务等环节，实现营销渠道各个环节之间信息的共享与有效利用。整合的信息平台通过一些先进的信息沟通手段如客户关系管理、EPR、企业协同商务等和供应商、中间商等环节形成信息上的联盟和共享，建立顾客的数据库，对收到的订单和需求进行及时分析并对市场迅速做出反应。企业建立整合的信息平台时，要保证与营销渠道的物流管理系统和财务管理系统有效的对接；中间商、供应商以及售后服务环节和生产商进行信息交流时要强制执行统一的报告制度，以便于渠道内各个环节信息的有效流通和利用；各个环节使用统一的数据传递系统。

5. 建立合理激励机制

渠道成员由于各自的目标等方面的差异可能会由于追求自身利益的最大化而违反供应链上企业之间的协议，为了防止这种情况的发生，企业应该制定合理的激励机制来预防企业的这种行为。信息共享机制的建立可以促进供应链中各成员间的信息共享，对渠道成员有一定的激励作用，增加供应链的总效益。对渠道成员的激励可以通过以下方面实现。

（1）价格激励

价格包含整个供应链所获利润在所有企业间的分配、供应链优化而产生的额外收益或损失在所有企业间的均衡。供应链所获利润的合理分配有利于供应链内的企业间合作的稳定和运行的顺畅。

（2）订单激励

供应链整体获得更多的订单是一种极大的激励，在供应链内的企业也需要更多的订单激励。

（3）商誉激励

商誉是企业的无形资产，对企业极其重要。通过商誉激励既可打击不遵守市场经济游戏规则的企业，又可帮助那些做得好的企业获得更多的用户，起到一种激励作用。

（4）信息激励

信息时代，信息对企业意味着生存。企业获得更多的信息意味着企业拥有更多的机会、更多的资源，从而获得激励。渠道成员在信息共享的基础上，制定合适的激励机制，保证利益在各渠道成员之间的合理分配，达到利益共享，此时成员会从利益共享中受到激励，进一步加强信息合作的行为，这样就形成了一种良性的循环。

（5）淘汰激励

激励并不全是鼓励，它也包括许多负激励措施，如淘汰激励、罚款、降职和开除激励。淘汰激励是一种惩罚性控制手段。按照激励中的强化理论，激励可采用处罚方式，即利用带有强制性、威胁性的控制技术，如批评、降级、罚款、降薪、淘汰等来创造一种令人不快或带有压力的条件，以否定某些不符合要求的行为。企业为了能在供应链管理体系获得群体优势的同时自己也获得发展，就必须承担一定的责任和义务，对自己承担的供货任务，从成本、质量、交货期等负有全方位的责任。

6. 渠道文化建设

通过对渠道成员的培训及共同学习，将供应链管理的思想真正深入每个渠道成员的心中，形成一种渠道文化。全体渠道成员以整个供应链利益最大化为目标。通过实施供应链管理的思想，对营销渠道进行创新，以应对营销渠道的风险。在供应链环境下，营销渠道的节点企业可能来自不同的国家、地区、行业，有不同的价值观、人生观和生活方式，有不同的企业文化背景，对同一事物或问题有不同的观点和见解，这些都会对信息共享的有效性产生较大的影响，对此可以采取四个方面的措施。

（1）加强企业间的沟通

实现团队建设，保持企业间人员的频繁联系，取得相互的信任和理解，能更好地理解他人的行为，消除企业文化间的偏见，实现有效沟通，进而发挥团队的整体效能。

（2）加强管理移植

供应链管理过程中的管理移植就是将一种文化中成功的管理思想、方法、制度和技术，转移到另一种企业文化中，以求得相应的效果。

（3）提高供应链内企业各自的核心竞争力

核心竞争力的提高在很大程度上取决于企业人员素质的提高，需要加强人力资源管理，通过引进、教育、培训等方式提高各类人员的素质。

（4）建立虚拟企业，重构企业文化

企业文化重构是企业重构工程的重要组成部分，通过文化重构，逐步实现供应链企业间的文化融合，形成各具优势并有所发展的虚拟企业文化，相互促进，共同发展。

二、构建企业营销渠道支持体系

营销渠道的有效运行建立在其支持体系协调高效运作的基础上。支持体系包括电子商务信任、建立协同化物流、伙伴关系管理、客户关系管理等方面。

1. 电子商务信任

（1）电子商务安全问题

在电子商务中，虚拟形式下信任是调控社会关系的根本手段，信任将贯穿整个交易过程始终。它能够降低与电子交易相关的成本。信任关系存在于参加交易的各个主体之间。但是，信任本身是很难被观察和测量的，尤其是在没有面对面交流的全球环境中构建信任是很困难的，这主要因为之前双方并不熟悉、没有共享的过去经历、缺少对未来的共同预期。因此，信任应该将保证信息内容真实的措施和实施过程透明的措施合并起来。电子交易服务提供商必须采取安全性和控制措施以鼓励大众信任。

①技术因素。电子商务安全是电子商务信任的基础。电子商务安全要素主要有以下几点：信息有效性、真实性、信息机密性、完整性、信息可靠性、不可抵赖性和可鉴别性。

技术被认为是引起风险的主要来源之一，技术引起的风险不是某些具体协议、契约等能避免的，它可能引起隐私风险、安全风险等，因此应采取有效的技术方案降低风险，增加消费者的信任。一方面，网上企业可以通过对称和非对称加密技术、防火墙的设置、数字认证、数字签名等措施来防范技术风险，提高消费者网上交易时的安全；另一方面，网上企业可以通过完善的技术设计自己的网站性能，使网站运行平稳、链接速度快，而且网上浏览比较方便，更容易抓住潜在消费者，从而刺激网上消费。消费者在提供个人资料时可能会担心信息外泄，甚至担心有的企业会利用消费者个人信息赚取利益，这种涉及隐私权的问题，可以通过技术得到解决，例如，网上企业可以在网上公开承诺对消费者个人资料的保护情况，使得消费者可以自由处置个人信息，保护消费者个人隐私的安全，并且可以公布网站性能指标及开发网站所采取的技术方案，使消费者放心，赢得消费者的信任。

②非技术因素。虽然技术在很大程度上能保证电子商务交易的安全，但它并不是唯一的措施，有时很多风险是技术所不能解决的，还需要法律与道德的约束。

风险有可能来自制度的不完善，因此要想解决制度风险，国家应进一步完善相应的政策法规，加大监管力度，改善电子商务的运行环境，以增加消费者从事电子商务的信心。原有法律已不能满足电子商务发展的需要，应加快电子商务的立法进度，设立专门的电子商务法律部门以适应电子商务这种新生事物的发展，与国际法律接轨。伦理、道德规范作为一种软约束机制，是人们自律的基础。在电子商务环境下，由于网络的虚拟性、匿名性、不确定性等特征，伦理的范畴与传统商务环境下的伦理范畴有所不同，主要表现在信息失真、消费者隐私公开、网络信息污染、黑客侵害等方面。这些问题有时可以通过法律手段来调节和约束，但通过伦理、道德来规范和约束将更为有效和持久。一般信誉越好的企业消费者越信任。在电子商务交易中，产品或服务提供商建立信誉的同时，也会获得消费者的支持。

（2）电子商务信用管理

在电子商务环境下，企业需要提升信用管理水平。对企业来说，业务风险的控制和现金流的最优化都是非常重要的。

信用管理人员必须逐步熟悉企业的电子商务模式，确保互联网中信用信息的完整、准确和保护个人隐私，把关注点从日常的信用审批转向电子商务信用政策，求助于自动化工具来执行信用政策，随时评估和调整信用政策以满足业务发展的需求。因此，信用管理人员必须提高工作效率，控制业务风险，实现现金流的最优化。信用管理人员的职责，要从日常的信用申请管理者转向自动模型规划的设计和开发者，启用信用评分预测模型和专家系统，建立基于数据和订单的模型，对网上销售中的信用参数进行日常审核和评估，并随时监控这些风险。

信用是一个概率值的心理形成过程，如果概率形成的背景不同，概率形成的参照物就会不同。如果各个交易主体是第一次接触，信任方主要会根据第三方或被信任方的信誉来对其进行判断；如果交易主体是多次接触，信任方主要根据以前交易的经验、经历来对其进行判断。在多次交易背景下，信任方会根据自己的价值取向对交易对象建立信用模型，对同一信任对象，不同信任方会有不同的信任模型与信用评价方法。

2. 伙伴关系管理

在电子商务时代，组织要与竞争者结成伙伴关系，要想满足顾客需要，就必须在某些领域，如产品创新和原材料采购上与竞争者合作。在电子商务动态复杂的环境下，与竞争者的伙伴关系将是组织降低采购成本和促进产品创新的唯一途径。建立第三方电子商务平台可以满足既竞争又合作的伙伴关系，在这个平台上顾客可以选择他们需要的产品或者服务，信息及时传递到各相关组织，企业可以和顾客进行有效沟通。同时，各竞争者在这个平台可以互相交流、实现统一采购等，并且根据平台提供的信息进行行业优化和整合。另外，竞争者共同建立电子商务平台也降低了网络市场的建立费用。第三方电子商务信息平台是由可信赖的第三方在线中介建立的公共交易平台，会员之间利用平台互通信息开展交易。第三方在线中介可以是行业协会，也可以是几家企业联合成立的第三方，甚至可以是一个纯粹第三方企业如阿里巴巴、中国联合钢铁网、全球采购网等。

伙伴关系是一种长期信任的互助合作关系，在电子商务背景下，对企业营销渠道进行整合，有必要对伙伴关系进行管理。瑞克曼在《合作竞争大未来》一书中提出了造就成功伙伴关系的三个要素：贡献、亲密和愿景。伙伴关系应该打破原先彼此吞食对方利益来获取自身利益的狭隘观念，以业务流程再造，或者改造原有的价值链系统，借助彼此的核心技术等方式降低组织边界的成本，减少重复和浪费以创造新机会，从而将组织边界的利润蛋糕做大，双方都从这扩大的蛋糕中获取利润增长的源泉。有效的营销渠道，必须作为供应链中的一部分进行建设，因此营销渠道应发挥整合供应链各个环节关系的作用，需要采用伙伴关系管理。伙伴关系管理是企业根据其通过与渠道伙伴的接触及从相应合同中所获得的有关渠道伙伴的信息，对它们进行分类管理的一套信息系统。伙伴关系管理一般包括渠道成员管理、渠道运作管理、销售合同管理、价格管理等模块，实现各个合作伙伴的信息分享和管理。有效的伙伴关系管理是电子商务和现代物流等搭建的硬件平台上的软件管理手段，确保电子商务下的营销渠道高效运作。

3. 建立协同化物流

（1）物流是电子商务实现的重要环节

电子商务强调信息流、商流、资金流和物流的整合。除物流以外的处理都可以通过计算机和网络通信设备实现对流通过程进行监控。但是大多数商品和服务的物流仍需物理方式传输，不能直接通过网络传输的方式进行配送，只能依赖于应用系列机械化、自动化工具，准确、及时地进行物流过程，使物流速度加快、准确率提高，达到有效地减少库存，缩短生产周期的目的。所以物流是实现电子商务的重要环节和基本保证。

对于任何企业而言物流都是十分重要的，生产的顺利进行需要各类物流活动的支持。生产的全过程从原材料的采购开始，便要求相应的供应物流活动；在产品生产的各工艺流程之间，也需要原材料、半成品的物流过程，以支持生产过程；部分余料、可重复利用的物资的回收，废弃物的处理等都需要物流。可见，整个生产过程实际上就是系列化的物流活动。合理化、现代化的物流，通过降低费用从而降低成本、优化库存结构、减少资金占用、缩短生产周期，保障了现代化生产的高效进行。

企业的整个价值链从采购到销售都有赖于物流的支持，同时也是企业费用的主要产生环节。现代物流作为一种先进的组织方式和管理技术，已被认为是企业在降低物资消耗、提高劳动生产率以外重要的"第三利润源"，它通过降低流通费用，缩短流通时间，整合企业价值链，延伸企业控制能力，加快企业资金周转，为企业创造新的利润。

（2）协同化物流的发展

对物流的整合能优化传统渠道，实质性地提高渠道整体效率。在电子商务背景下，只有商品或服务真正转移到消费者手中，商务活动才结束，物流是商流的后续者和服务者。

物流的发展经历了纵向一体化、第三方物流、第四方物流及行业物流等几个发展阶段。整合渠道系统的物流使之专业化、电子化，进而发展协同化物流。协同化物流是电子商务企业物流模式的最佳选择，其有效运用可以达到降低电子商务企业物流成本、优化库存结构、减少资金占压、缩短生产周期的效果。以物流战略为纽带进行的企业联盟的协同化物流形式，建立联盟式的制造体系进行企业间物流协同工作，是实现网络化协同物流的前提，是适应制造业的全球化的发展趋势，实现敏捷制造的一种重要手段，也是企业未来组织形态发展的趋势。

协同化物流体系的整合包括以顾客为中心的纵向整合与以供应链为基础的横向整合。

协同化物流体系的纵向整合是指在某一企业范围内把技术上不同的生产、分销或其他经济过程结合起来。在大多数情况下，企业在内部共同完成生产他们的产品或服务所需的管理、生产、分销或者市场营销过程，比通过分包给一系列独立实体有更大的优越性，这也就是协同效应所带来的利益。企业在进行纵向整合时，首先必须实施企业内部网，建设企业内部管理信息系统，实现整个企业内部信息共享。企业通过内部网进行纵向整合，可以达到有效的规模经济，实现内部控制和协调的经济性、信息的经济性以及上下游稳定关系的经济性，从而获得竞争优势。同时也为企业进行横向整合战略打下基础。

哈佛商学院波特教授的竞争优势理论中提出系统地辨识企业之间确实和潜在存在的所

有关联是制定横向战略的起点,把所有企业集团之间的有形关联分为市场关联、生产关联、技术关联三种。电子商务环境下的协同化物流的横向整合首先要寻求供应链上各企业、集团中存在的各种有形、无形关联。关联是物流供应链整合的基础。首先,企业在开展电子商务时,应寻求与供应商、客户的各种关联,这就需要企业检查可能发生的各种价值活动,以便物色共享或进一步共享比较可行的相关产业。其次,企业要创造横向组织结构,横向组织结构是暂时或永久的组织实体,它突破了各企业间的界限,可以促进第三方物流企业与供应商、顾客的相互关联。横向组织机制可以分为横向结构、横向系统、横向的人力资源措施、横向解决冲突程序。它是供应链协调平衡发展的重要保证。最后,企业还需要利用互联网协调供应链的相关价值利益,增加关联竞争优势。只有供应链上各企业集团的战略协调一体化,才能增加关联竞争优势和降低成本。这个过程包含物流企业与供应商、客户的各业务单元的战略重新定位、设计,各企业间利益的重新调整分配,以优化整个供应链,实现企业间信息、资源最大程度的共享。

4. 企业客户关系管理

在电子商务时代,客户的需求结构日益复杂,企业要依靠电子商务管理好内外部资源,构建客户服务的新渠道。依靠电子商务为 CRM 提供技术支持。在电子商务技术支持下,原先简单的客户信息收集转变为数据挖掘和智能分析,CRM 各个流程结合更加紧密可以和 MIS 或 ERP 系统集成,按照客户需求及时提供个性化产品或服务。CRM 可实现同步操作,利用大型数据库管理客户信息,企业的营销和技术等部门和模块间可共享数据,利用数据挖掘和数据仓库技术对客户数据和商业数据进行智能分析,部分实现营销的自动化,企业真正提供面向客户的产品和服务,依靠电子商务提高客户价值和客户满意度。CRM 的目标是提高客户价值和满意度,为企业带来更多的利润。企业可在电子商务网站中增加如在线提供产品质量保证书、换退货证明、电子目录等服务和功能,建立客户资源管理系统,为客户主动服务,获得更多的客户价值。企业还可以提供及时的多样化的客户关怀服务,服务人员可通过不同的方式服务客户,电子商务环境可以大大提高客户满意度,使企业拥有更多忠诚的客户。

顾客体验是最少被企业所采用的渠道整合思路,但有可能是企业所能采用的最有效方式。它起始于对顾客行为的了解,这些行为包括收集公司和产品信息,以加深了解、尝试购买、决定购买、获取帮助以及共享观念。对所有这些行为的了解使企业能够更加准确地定义"顾客体验"。在此基础上,顾客将依据自己对便利性与控制性的个人判断在不同渠道方式之间进行取舍。要真正完成一项交易,最有效的是个人之间的交流。渠道整合的目标是使收入和利润最大化。整合的动力来自通过渠道获得理想客户体验的观念,一旦企业将这种观念传输到自身和渠道成员的日常运营行为之中,与关键客户进行实时互动,关键点上的反应机制在不同的渠道中就能得到最大化体现。因此,企业可以设立顾客体验中心,并及时把顾客对产品的要求反馈到企业。

三、渠道整合的效益分析

网络营销渠道与传统渠道的整合的综合效益包括降低成本、为消费者提供便利、改善信任、市场扩增四个方面。

1. 降低成本

早期的竞争优势理论强调信息技术对于企业内外部环境的改善，提高效率，降低运营成本。当网络营销渠道与传统渠道有效结合后，某些区域性的成本节省将变得可能，尤其是劳动力、库存与配送成本。劳动力成本如寻找商品信息，可通过提供线上商品目录来节约。库存成本节省是因为通过网络来销售商品不需要持续的维持商品的库存。网络营销可以采用灵活机动的配送方式，从而可以有效地节约配送成本。

2. 为消费者提供便利

竞争战略理论认为，使用信息技术的重要性在于区别产品与服务，通过网络营销渠道与传统渠道的整合可以区别产品与附加价值而不需要增加成本，通过虚拟渠道所提供的信息与服务来协助实体渠道营销，给消费者带来极大的便利。

3. 改善信任

对于纯电子商务企业来说，消费者的最大问题是对其缺乏信任。实虚整合的企业则较容易处理此问题，因为他们服务的市场中仍然有实体商店存在，当顾客要退货或投诉时可以有定点为他们处理，这样可使消费者减少许多风险的承担。

4. 市场扩增

在传统实体渠道中，信息技术特别是其中的网络技术被用来扩增营销范围由来已久。通过引入网络可以有效地扩增现有营销区域的范围，同时为现有传统渠道提供互补性的优势。除此以外，传统制造商引入网络渠道还可以实现权力的制衡。过去20年，经济影响的重心已经从制造商转移到产品的分销商，一些大型的零售商已经成为主要的角色，他们占据着其经营的商品范围很大的市场份额，成了市场渠道的控制者。制造商处于被动地位。网络渠道的出现使传统中间商面临着被从供应链中排除的危险。正是这一压力，使得渠道的权力又渐渐地回到了制造商的手中。

因此，制造企业在对渠道整合后可以从以上四个方面进行考察，分析渠道整合的效益。

第四节 电子商务背景下企业营销渠道的发展趋势

一、加强企业营销渠道体系建设

营销渠道的多样化是电子商务时代一个显著的渠道特征。渠道各环节的主体只有互相合作，才能使各方面的利益共同达到最大化，因此各营销渠道主体之间将共同创造双赢的合作竞争关系。企业面对的不再是单一或具体的市场，而是全球性的统一而又抽象全天候的市场。因此，企业营销渠道内各企业应当注重管理、观念、技术等方面的共同创新。企业制胜的关键在于营销渠道创新，构建多样化、直接分销为主导的分销形式，挖掘更多的商业机会，系统推进柔性营销管理，提高分销效率，提高面向市场的反应速度。

1. 加强企业营销渠道文化建设

企业营销渠道的渠道文化包括渠道共同的价值观、学习观，是在生产经营实践、相互合作过程中逐步形成的，为各渠道成员所认同并遵守的价值观。渠道文化对各渠道成员有一种无形的约束力量，有助于整个供应链的稳定，有利于渠道成员之间的合作共赢。

2. 提高企业营销渠道管理水平

企业营销渠道的管理水平包括企业营销渠道的管理力、执行力、资源整合力、资本运营力、生产制造力、人才资源组织力、市场应变力、监督力等。另外各企业应当实行柔性管理，根据客户提出的要求生产满足客户需求的产品，实施定制营销，建立柔性生产系统，使得企业能够同时接受大批顾客的不同订单，并分别提供不同的产品和服务，在更高的层次上实现"产销见面"和"以销定产"。要真正实现及时满足客户需求，做到与市场同步就要求企业的生产系统必须是柔性的，即根据订单进行生产。

3. 服务外包

在电子商务背景下，企业完全可以专注于自己的核心业务，把电子服务外包给专业公司。专业公司为电子外包提供的电子商务运营维护服务应该非常全面。专业公司提供的电子外包服务是一个包括网络架构、数据处理、企业应用程序运营维护管理等方面在内的"全面"服务，其内容涵盖了从行业战略层面的商务战略咨询和托管服务，到企业管理层的电子交易、电子协同、客户关系管理、供应链管理、企业资源规划、商务信息咨询等全方位应用。当然，专业公司提供的电子外包服务还包括IT系统的设计、实现和后期的维护服务。电子外包服务通过可信赖的电子商务基础设施可以保证数据的安全性，保证基于互联网的快速响应速度、用户应用系统的扩展能力、对大数据量传输的带宽支持，以及网络运行整体上的可靠性；通过设计、实施、日常运作到维护企业信息系统的全方位工作，可以使企业在运营不受干扰的情况下，进入高效的电子商务领域。然而，企业成本却相对低廉，只需支付月租型的管理费。当企业的业务量快速成长时，企业的系统可以平滑地进行扩展，企业可以安心从事自己的核心业务，从繁杂的信息技术建设中得到解脱。

二、构建渠道成员间知识共享体系

1. 知识管理与电子商务的协调

电子商务和知识管理作为新兴的管理策略和管理手段，两者紧密相连。电子商务为知识管理架设流通渠道，企业通过网络获取并传播信息，电子商务为知识管理建立了知识流通的高速公路，使得知识的传递更快速更畅通，电子商务为知识管理提供信息采集环境，知识管理可以方便提取由企业电子商务系统提供的企业库存、采购、生产、运输、销售、财务等各环节的数据。知识管理为企业实施电子商务提供决策支持。知识管理保证企业的持续创新，有利于企业新产品的开发和业务的改进，为企业员工操作电子商务系统提供技术支持，从而提高员工的生产技能，有助于企业提高生产效率。企业通过分析电子商务系统中的数据，制订合理的生产计划。

企业需要管理的知识一般可以分为内部知识和外部知识，内部知识主要包括企业文化、历史、战略导向、企业流程、产品与服务、系统与工具、企业最佳实践等；外部知识通常包括客户知识、竞争者知识、影响企业的法律和制度、技术变革、供应商知识、全球化变革等。此处"供应商"是广义的概念，除了包括原材料、零部件等产品供应商，也包括财务、人力资源、IT支持等服务提供商。企业导入知识管理，使企业中信息知识与业务流程有机整合。对企业业务流程进行重组，使企业组织趋于扁平，便于知识传递、共享与决策。用知识管理对企业供应链进行优化提高企业间协作效率对客户关系管理合理规范，结合知识管理分析客户行为，最大化满足客户需求，为客户提供个性化、定制化产品，对企业资源规划进行知识链规范，将知识与经验作为企业的一项重要资源进行配置。在此基础上建立起连接于企业自身与上下游企业、企业内部、企业与客户间有序而畅通的知识链，可以大大提高企业运行效率，节约成本，从而增强企业的市场竞争力。

2. 知识共享过程

渠道成员间的知识共享，主要指在各渠道成员之间通过传播与交换显性和隐性知识、个体和集体知识，实现各渠道成员之间知识的转化以及知识的创造，增强各渠道成员之间知识的相容性，从而增加整体知识容量。在营销渠道的知识共享过程中，营销渠道中的供应商将其拥有的全面的产品知识、市场变化的信息提供给其制造商，制造商通过学习理解，再把相关知识传递给中间商、物流企业或者消费者。企业根据所获得的知识不断调整其营销模式，建立快速物流，提升应对市场变化的能力，创造更多利润。营销渠道中的中间商，则将其拥有的详细的顾客需求信息、营销经验以及所了解的竞争对手的经营情况，提供给制造商。制造商通过学习与理解，研发设计出更贴近顾客需求的产品或服务，从而使营销渠道成员更好地面对竞争对手的挑战，长期保持营销渠道在竞争中的优势地位。制造商把所需原料信息反馈给供应商，供应商及时调整以满足制造商需求，同时，物流企业根据制造商的信息及时调整物流策略，确保物流的快捷畅通。

在营销渠道的知识共享过程中，供应商、制造商、中间商、物流企业及顾客都扮演了知识提供者与知识需求者的角色。知识的提供者通过对知识传递，不断丰富着知识主体的知识库，为知识共享提供源源不断的知识。知识的需求者将获得的知识和自身知识相结合后，增加了主体的知识存储量，提高知识创新能力，从而创造更多的知识，使发生新一轮的知识共享成为可能。因此，知识共享是一个不断循环的过程，实现了创新能力的螺旋式提升。在知识共享过程中，就知识学习角度而言，营销渠道中知识共享包括了营销渠道成员对知识的转移和对知识的创造；就知识的流向角度而言，营销渠道中的知识共享包括供应商的知识提供、制造商的知识提供、中间商及顾客的知识提供和物流企业的知识提供。具体传递过程如图4-5所示。

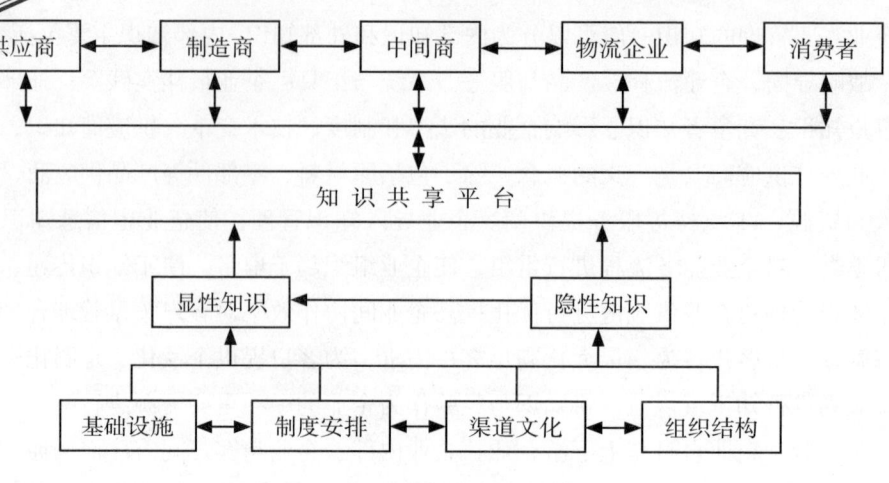

图 4-5　渠道间知识传递过程

（1）知识共享平台

知识共享平台是渠道成员知识传递的基础，以渠道的基础设施、制度安排、渠道文化及组织结构等因素为基础，产生的显性知识和隐性知识与渠道相关成员的知识汇总在一起，依托信息技术构成知识共享平台。

（2）知识的提供与理解吸收

供应商在供应链传递知识的过程中，传递信息、技术等知识。一方面，供应商向下游企业提供相关业务的资料、技术上的培训，通过培训提高整体素质，形成渠道文化，使供应链各个参与企业保持战略上的一致；另一方面，供应商向下游企业提供管理方面的经验、运营建议及各种信息，以此来丰富下游企业的知识资源及营销经验，增强分渠道的营销能力和竞争能力。

同时，下游企业及时将产品分销情况以及市场反应等方面的信息提供给供应商。下游企业直接接触顾客、贴近产品市场，一方面，将丰富的营销知识与经验传递给供应商；另一方面，将所掌握的关于顾客与市场信息的第一手资料提供给供应商，成为供应商的重要的信息来源。下游企业通过对供应商的知识提供，巩固与供应商之间的合作关系，与供应商之间形成良性互动的局面，有效地解决分销中的问题，从而促使双方更加积极主动的合作。

知识共享不同于信息共享，知识共享不仅仅是一方将信息传给另一方，还包含愿意帮助另一方了解信息的内涵并从中学习，进而转化为另一方的信息内容，并发展为个体新的行动能力。因此对于各企业而言，需要将所获取的相关业务资料和技术培训的内容及获取的数据、信息进行加工处理，形成对于企业有重要参考价值的知识，将所获得的管理经验以及目标、计划等信息加以分析、理解，形成自己的知识。这些知识将成为企业调整经营方针、政策，产品研发以及营销方案的制订等的重要依据。知识消化过程其实就是一个知识创造的过程，创造出的新知识将为企业的发展注入新的活力，提升整个供应链的竞争力，进而提升每个企业的竞争力。

第五章 电子商务背景下企业的营销模式

第一节 营销模式概述

一、营销模式相关概念

1. 营销模式定义

企业的市场营销模式是相互融合的一整套有机整体,其内容包括三方面:营销组织、理念、策略。它们之间的关系是相辅相成的,并具有共生性。这不是普通概念上的改进销售方式或优化市场组织形式。

首先,从西方经济发达国家的形势可以看出,企业营销理念在其发展的过程中,有生产理念、商品理念、销售理念、营销理念与大众营销理念等。营销理念既强调重视承担社会责任,又重视消费者和顾客的需求。

其次,营销组织可以分为以下六种形式来解释:①职能型营销组织,重点是其各种职能重要的特点;②区域性组织,适合发展范围广的企业来划分市场;③产品管理型组织,便于企业建立多种产品组织架构;④市场管理组织,有利于企业进行市场细分;⑤产品管理——市场管理结合的组织,为矩阵型结构;⑥公司与事业部组织制度。

再者,营销技术,也称为营销策略,是具体的营销组合策略,营销组合对于确定产品与品牌的唯一销售点(也就是把产品和竞争者区别开来的唯一质量)是非常重要的。1960年,麦卡锡教授,美国市场营销的专家,提出了营销策略组合理论(4P)。该理论给企业提供了实现营销的目的,也让营销策略组合在市场营销理论中占有重要的一席之地。

总的来说,营销模式变化无穷,多元化发展模式、企业整体运作模式为大;细分市场的运营模式、销售人员的管理模式处于中间层面;市场终端的广告宣传模式、制定价格信息模式、推广促销模式是细枝末节。但最重要的还是其核心——树立营销理念。营销组织、营销策略统统取决于营销理念,这些模式的根本就在于理念中倡导的思想。

2. 营销模式研究内容

营销模式的研究根据营销理论的发展而变化,其发展轨迹可以分为两条线:①对某一营销理念下模式的应用和发展;②对不同营销理念的应用。不可否认,现有研究对理论的推广和延伸具有重大价值,但是存在着以下的一些缺陷:①方法论方面,现有研究本身对理论逻辑的涉及较少,由于营销理论是一门涉及经济学、社会学、统计学为理论基础的管理学科，所以最终的逻辑角度在于以这些学科的知识为基础，而现有研究的重点更多在于对企业经营过程中成功和失败的经验总结，相对而言，理论与实际联系不足；②相关的研究缺少系统性，如上所述，更多的研究在于对营销某一方面和角度的阐述，没有对营销模式的定义和范围进行系统界定和论述。

现有营销模式的讨论集中在三个方面：①针对企业具体的营销方式和手段，是对个体企业的营销成功原因的归纳和总结，属于个案分析方法；②基于行业背景下的营销模式，如零售业、中介服务业的营销模式，这类文献的本身更为注重特定行业内营销模式的实用价值；③对一般企业而言的营销模式，这些方面的文献一般从企业面临环境的变化出发，和最新的营销理念相结合。

3. 营销模式的基本类型

依据形式的不同，我们把营销模式共分为下列几个类型。

①品牌营销：用品牌理念影响顾客，提高产品知名度，潜移默化中将无形的营销网络铺建到社会公众心里，把产品输送到消费者心里。

②一对一营销：从"顾客份额"为核心的出发点，和消费者进行一系列必要的沟通，通过这种方式了解顾客需求，为其提供专属性的"定制"服务，即私人订制。

③全球化营销：企业在全球范围内，使用统一的运营方式，让顾客感到国际化经营，使品牌理念深入人心。

④关系营销：企业要和供货商、代理商、顾客等达成亲密和持久的联系，这样才能够发展为持久坚固的利益关系。

⑤连锁营销：在销售经营的过程中，实行统一规范化的制度管理；并达到专业化、标准化、简约化原则；统一调集配发产品。

第二节 电子商务营销模式与传统营销模式现状分析

一、我国电子商务发展现状

1. 我国电子商务发展概况

根据《2013~2017年中国电子商务行业市场前瞻与投资战略规划分析报告》数据显示，"十一五"时期，我国电子商务行业发展迅猛，产业规模迅速扩大，电子商务信息、交易和技术等服务企业不断涌现。在2012年商务部发布的《中国电子商务报告》中显示：2012年我国电子商务持续快速发展，交易总额超过8.1万亿元，同比增长31.7%，是当年GDP增速的4.1倍。同时电子商务服务业产业链日趋成熟，正在成为一个新兴产业，全年行业产值超过2000亿元。

2. 我国电子商务发展特点

中国电子商务在得到了迅猛发展，并呈现出如下特点：

①电子商务对刺激消费作用明显，网络零售呈现连续爆发式增长态势，2014年中国电子商务市场交易规模达到12.3万亿元，同比增长21.3%；

②电子商务带动现代服务业迅速发展，以电子商务商业模式为核心的商业生态结构基本形成，带动物流、信息化产业的同步发展；

③传统企业应对市场冲击，加大电子商务转型力度，由原来的初步试水转为全力拓展，借传统品牌优势，扩展线上服务能力，迎合市场需要；

④电子商务已渗透到人们生活工作的方方面面，改变了以往生活工作方式，尤其是移动互联网的兴起，更满足了人们碎片时间对电子商务的需求，对拉动经济增长、促进发展模式转型起着非常重要的作用；

⑤电子商务已成为大型企业采购的主要方式，多采用网上招标或者网上零售方式，有效节省了成本，提高了效率和透明度。

3. 我国电子商务未来发展趋势

电子商务市场在中国还有很大的发展潜力。互联网用户已达8亿人的中国，已成为全球互联网用户数最多的国家。随着中国经济的不断向前发展，人民生活水平的稳步提高，中国的消费能力必将逐步迈上新的台阶。另外，年轻人对于网购的青睐程度，也将扩大中国电子商务的发展规模与速度。

未来我国的电子商务将呈现以下趋势。

①电子商务模式的多元化。随着电子商务的不断发展演变，我国电子商务市场将逐渐形成全网的销售态势。这体现在：a. 参与主体多元化，无论是传统企业开辟新的销售模式，还是高流量网络服务体都将借助于日趋多样的支付手段，在网络上实现各种类型的电子商务销售模式；b. 渠道建设多元化，传统公司的进入，必然借助其传统的线下渠道的优势，开展综合性渠道统筹建设；c. 移动互联网的快速发展使终端多样化，无线技术的发展和普及，使消费者更多地使用手机、平板电脑、电子书等终端来实现网上购物，甚至传统的电视也借助宽带或OTT等技术，成了网络购物的入口。

②专注于某一专业市场领域的垂直型电子商务有很大发展空间。电子商务的发展使越来越多类型的商品和越来越多的用户发生了联系，同时因为中国城市与农村的二元经济结构，所以对电子商务提出了针对用户、行业、地域的专业化细分要求。

③新技术的发展和应用，引发电子商务变革。IT技术的不断发展，多种新兴技术投入使用，渐渐成为电子商务创新变革的主驱动力，如多种类的移动支付、基于LBS的位置信息流技术、RFID等物流技术都为电子商务为消费者随时随地提供贴心销售服务提供了可能。

④电商综合生态系统全面发展趋势更加明显。所谓电商综合生态系统，就是围绕在电子商务的销售服务核心环节之外的，如物流配送、货物仓储、商业咨询等与之相配套的综合服务系统建设，旨在为消费者提供全部端到端的服务。

二、电子商务背景下企业营销现状

随着互联网信息化的快速发展，我国电子商务经济发展呈现出一些突出特点：相关服务业发展迅猛，已经初步形成功能完善的业态体系；零售电子商务平台化趋势日益明显，平台之间竞争激烈，市场日益集中，开始出现一种新型的垄断（或寡头垄断）局面；电商平台的地位和作用日益凸显，电商平台、政府监管部门与进行网上销售的企业之间正形成一种新的市场治理结构；跨境电子交易发展迅速，但尚未形成有效的发展模式；区域发展不平衡情况显著，电子商务服务企业主要集中在长三角、珠三角和北京等经济发达地区，而且出现企业日益集中的趋势。

我国近年来的电子商务交易额增长率一直保持快速增长势头，并以GDP7%~9%的2~3倍的速率在增长。特别是网络零售市场更是发展迅速，2014年中国电子商务市场交易规模达到12.3万亿元，其中网络购物增长48.7%，在社会消费品零售总额渗透率年度首次突破10%，成为推动电子商务市场发展的重要力量。另外，在线旅游增长27.1%，本地生活服务增长42.8%，共同促进电子商务市场整体的快速增长。

三、电子商务营销模式优劣势分析

1. 优势分析

网络经济不同于传统经济，电子商务也体现出了自身强大的优势。电子商务营销模式的优势主要体现在以下几个方面。

①经营成本低。网络营销可以在多个环节降低营销成本，降低成本可以使企业弹性地制定营销策略。可以节约的网络营销成本主要包括以下四个方面：a. 通过网络媒体进行促销活动、公关等；b. 网络直接销售可以减少卖场费用，营业人员成本，渠道建设、维护等中间环节费用；c. 网络调查可以降低企业的调研费用，网络的互动还可以减少通信费、差旅费等；d. 企业可以更好、更轻松地进行客户关系维护，减少客户关系管理费用。

②互动性增加。在以前的营销中，企业与客户间的交流是单向的，缺乏互动性，通常是客户被动接受企业的信息，企业很少从客户那里取得信息。企业也很想从客户那里获得信息，从而安排生产，避免损失，然而受到调查成本制约；而互联网的飞速发展，降低了调查成本，给企业带来新的发展希望。网络是互动性极强的工具，电子邮件、留言簿、网上论坛等，使企业和客户间的沟通变得便利、及时且成本低。

③便捷性更好。网络营销的便捷性好，主要体现在客户寻找购物信息、比较不同企业的商品和服务上。生活节奏的加快，使部分客户更愿意选择快捷的消费方式。网上购物可以使客户避开拥挤的人潮和交通，节约消费者的时间、精力、金钱。对于那些不习惯或不喜欢网上购物的人来说，网络营销也为他们提供了方便。客户寻找购物信息时，比较不同企业的商品和服务，而后根据自己的喜好选择网上购物或到实体卖场购物。这也为消费者提供了方便。

（4）市场范围更大。网络营销不受企业规模的限制，企业在较低的成本下就可以加到全球信息网和贸易网上寻找并接触潜在客户，将产品传到之前只有财力雄厚大公司才能拥有的市场中去，拥有平等机会与大企业进行竞争。这也就是说，网络营销在某种程度上改变了之前中小企业传播和获取市场信息比大企业落后的状况，扩大了中小企业营销的市场。

⑤营业时间增加。网站的运作没有工作日与非工作日的区别，也不受天气条件的影响，可以让企业进行"7×24小时"的全天候营业。不可否认网络营销能给企业增加许多竞争优势，但目前国内的网络营销仍处于早期，需要的相关技术、金融、法律以及物流配送等外部环境要求还不完善，所以，电子商务营销在给企业带来优势的同时也存在着很大的风险。

2. 劣势分析

电子商务营销模式的劣势主要体现在以下几个方面。

①缺乏一定信任度。互联网的开放能更简单地发布信息，简化审核程序，也因此产生欺骗性、违法性的信息，使网上信息鱼龙混杂，让购买者无法选择，慢慢地降低了购买者对网上商业的信任感，影响企业网络营销的实现。

②缺乏现实感。对于那些喜欢在现实门店中逛街购物的消费者来说，网络购物是不能满足他们的兴趣的。如何解决这部分消费者的需求，目前网络营销界还没找出不错的解决办法。正如没有十全十美的事物一样，网络营销方法不可能在各个方面超越传统营销方法。虽然现在有3D的购物网站，能够根据购买者的身高、体型选择相应试衣，但是这种3D网站，也很难从根本上满足这部分购买者的满足感。

③技术安全性问题。网络营销方法在安全上比传统的营销风险更多。技术上的安全性问题无论是对于企业还是普通购买者，都是一个需要克服的问题。安全性问题同时困扰着企业和消费者。对于企业来说，不法分子会攻击公司网站，使服务器里的营销信息被盗窃或毁坏，而客户则担心他们的隐私遭到泄漏。

四、电子商务的发展对企业营销模式的影响

在没有电子商务的年代，生产与销售是处于一种互相分离的流通渠道，这种渠道是流通职能专门化发展的产物，也是社会经济发展的突出表现。然后，互联网技术的发展，电子商务的兴起与发展，促使企业的外部环境、市场性质、经营管理方式、消费者的消费观念以及购买渠道等发生了巨大变化。同时，电子商务理论的发展也进一步丰富了传统的营销理论，引起了市场概念、经营理念、营销策略及商品流通领域的变化。但是，电子商务使买卖双方能够在网上直接进行交易，这样一来，就极大地缩短了商品的设计者、制造者、批发商、服务商、零售商以及消费者之间的距离，哪怕相隔千里，也会很快地进行沟通与交易。与此同时，与商品批发相关联的商品运输、仓储以及整理等环节也要进行相应的整合甚至消逝。传统的营销中，大多数产品制造者需要有自己的运输服务途径，但是电子商务的发展使得运输的选择更加多样化，以前的产品储备也随着发生了变化，降低了商品的库存，加快了商品的流通，进而降低了成本；而且，伴随着运输环节的时效性，仓储环节也极有可能出现萎缩的情况；而整理环节也会因为商品加工技术的变化而整合进生产环节。

更为重要的是，互联网计划的便捷为广大消费者提供了更多的便利以及选择，消费者们通过鼠标的点击就能买到心仪的商品，大大缩减了购物时间与精力。另外，消费者还能够通过互联网掌握大量的商品信息，并以此与不同商品进行比对，从而使选择的余地更大，并最终获得更多的购买机会。在世界经济日益相互依存，全球化趋势越加明显的背景下，企业的商品的统一示范效应也越来越显著，一旦在网上公布，瞬间就会被全球的消费者知悉。此外，消费理念以及消费时尚也在互联网中得到快速传播。因此，传统商业的营销模式必须尽快做出改变，否则很快会被电子商务企业淘汰。

第三节　电子商务背景下企业营销模式的确定及管理

一、电子商务背景下营销模式的确定

目前全球处于互联网经济时代，电子商务是互联网经济的重要组成部分，是未来经济发展的重要组成部分，互联网经济时代制定一条崭新的营销模式对于企业来说是加快企业信息化进程的一个机遇，对变革传统企业的服务、销售、生存等方式，提升企业核心竞争力等具有非常重要的作用。互联网时代，消费者的个性化需求更加明显，这就需要企业对资源进行整合，从产品的角度转变为消费者的角度，以消费者为核心，让企业的各个部门之间进行有效的协调和沟通，以更好地服务顾客。顺应时代的要求，企业把所有有效的资源进行整合，例如企业的各个部门之间要经常进行沟通，使产品管理、营销策划、推销人员的思路保持一致，协调起来，为更好地服务顾客，全力以赴赢得顾客的满意和信赖，使企业赢得持续的发展和竞争优势。电子商务背景下企业整合营销是当前以互联网为依托的电子商务营销模式，它通过网络将企业各个部门联系起来，并将产品、客户、营销策划、营销管理等一系列流程连接成一个企业共享的网络，实现营销活动的快捷化与现代化。

1. 重组企业业务流程

企业在原有的基础上，进一步完善企业的电子商务环境，建立互联网支付体系和认证体系；完善和改善企业的电子商务环境，在网络中成立数字证书授权中心，为电子商务提供安全保障，实现网上交易身份的确定；同时还要在互联网中完善金融电子化建设，对网上的在线支付系统进行完善和健全，解决在网上电子支付过程中存在的安全问题、跨过交易货币兑换问题、统一支付方式问题等，给企业的电子商务环境创立良好的外部环境，完善保障机制。

按照电子商务发展的要求，企业在运行电子商务的过程中，需要对业务流程进行重组，通过互联网技术使企业形成一个紧密、开放的系统，从客户、合作伙伴、供应商等方面构建一个完整的综合体系。实践证明，对于企业来说，如果不进行业务流程重组，电子商务对企业的作用是非常小的，面对网络经济时代，提升自己的经济效益和市场竞争能力是非常困难的。对于企业来说，要建立网络化、虚拟化、弹性好、小型化、扁平化的新型组织机构，快速地满足客户的需求，进行资源的整合是非常有必要的。

2. 进行企业营销创新技术服务

目前，我国大大小小的企业都展开了电子商务业务，这就需要积极利用和引导国内资源，不断完善我国的整体电子商务平台，给企业提供全面的电子商务技术服务，利用科研所和高校的成果优势，建立良好的电子商务服务公司，为企业特别是中小企业提供一些电子商务活动，例如开展系统管理、代建网站、租赁设备、网络托管、软件开发等方面的工作，为企业提供网络营销的创新技术支持，让企业更好地开展电子商务活动。

对于企业来说，分销渠道越细化，越有利于电子商务的开展，电子商务时代的一个非常显著的渠道特征就是分销渠道不再仅仅是实体店形式，更多的是虚实结合，有些甚至是完全虚拟的。渠道的各个环节只有紧密合作，才能使各个方面的利益都达到最大化。当今的互联网经济时代，双赢的合作竞争关系越来越明显，这也是分销渠道的作用。对于企业来说，网络时代，企业所面对的不再是单一的市场，而是一个全球化的市场体系，同时还是全天候的市场，企业要想成功，关键在于构建直接分销、多样化的分销形式，提高分销的效率，推进柔性化的营销管理，提高市场的反应速度，才能更多地挖掘商业机会。企业要不断创新自己的分销渠道，根据消费者的需求确定适合企业发展的分销渠道。

随着电子商务进程的成熟化，企业的员工必须随着企业信息化建设进程提升自己的应用能力。信息将是未来企业生产经营的核心，这必然要求企业的员工也要顺应时代的要求。企业需要通过各种培训对员工的应用技能和电子商务知识进行提升，给员工提出更高的要求，培养出一批优秀的具备信息化电子商务知识的高素质员工队伍，这对于企业的长远发展具有非常重要的作用。

3. 开辟新兴服务模式，制定发展战略

电子商务时代，企业需要加速进军互联网电子商务市场，积极开辟企业新型服务模式，如给客户提供电子商务在线产品交易资金结算、信息管理与发布等电子商务产品服务，开发一些流动性强、收益高、门槛低的新型产品，推动企业的电子商务业务发展。

企业要对用户的资金进行多重保障，除了收益，资金的安全永远是互联网用户更加关心的话题，企业在推出新的产品时，对于安全性方面应该考虑得更加周全和充分。目前企业具有专业的风险管理团队、完善的风险管理体系、丰富的风险管理经验，这些对于电子商务产品平台，具有先天的优势，企业的产品应该实现交易环节中多重手段保障客户资金安全，这样才能保证客户的稳定性。

对于企业来说，不搞电子商务，不加快企业的信息化建设，基本是自我放弃，电子商务将整个价值链进行了全部优化和整合，使价值链的各个环节都能实现利益最大化，企业推荐营销模式创新和实施电子商务，对企业的发展非常有利。电子商务适用于各个企业，对于企业来说，只有建立新的管理模式和生产模式，实现观念创新，深化生产经营改革，进行技术创新、制度创新、管理创新、观念创新，制定长远的电子商务发展战略，才能最终实现利益的最大化。

二、电子商务背景下企业营销模式管理

营销管理是组建并维持与目标市场间的一种互利和交换的关系。它通过对营销过程的

规划分析、实行及操控，实现企业的最终营销目标。目前的电子商务环境背景下，企业根据客户的需求进行合理化的规划，是企业当下营销模式的一个关键因素。企业在适当的时候对各自的需求做出相应的调整。互联网电子商务时代，各企业在进行营销模式管理的时候，首要的是准备充足全面的市场调查。放眼市场，因为企业受各种各样的现实营销因素的影响，并伴随着不可预知的目标，预期的效果往往会与现实拉开距离。针对什么样的市场，就需要企业制定什么样的营销模式。

电子商务背景下的企业营销模式面对的是每个客户，这是对市场的一个细分，所以，电子商务背景下的企业营销充斥着各种各样的潜在因素，面临着各种各样未知的挑战。这些是以往的企业营销没法相提并论的。虚拟的平台打破了以往的企业营销模式制定的条条框框，在电子商务背景下，企业营销模式获得了更为宽广的领域。客户和企业可以各得所需，各取所长，利用有利的条件和相应的技术，让电子商务的平台更人性化、合理化。这也势必要求营销人员具有全面的销售知识和技巧，调动客户的自主能动性。

通过以上分析，企业应该抢抓机遇，寻找自己的航向。面对互联网电子商务势不可挡的发展浪潮，各行业应该积极拓展电子商务背景下的企业营销模式的新边界，尝试将传统的营销业务与网络营销理念进行结合，通过智慧创新手段，为广大客户提供智慧的服务产品。我国加入世贸组织以后，与世界经济的相互联系日益加深，在更加开放的市场经济环境下，我们既面临重大机遇，也面临严峻挑战，互联网的蓬勃发展，对我国的经济发展起到了中坚力量。互联网电子商务业正以其新的形象和姿态展现在网络电子商务市场面前，在推动创新、增加就业、繁荣经济、活跃市场等各个方面，发挥着更加重要的作用。企业加强与互联网电子商务业务的拓展，是各企业不可推脱的社会责任，提高互联网电子商务业务的风险管理水平，帮助互联网电子商务健康、快速、持续的发展，同时也会带动企业自身的稳健长远发展，形成积极向上的企业和互联网电子商务企业文化。

第六章 电子商务背景下企业精准营销模式的创新研究

第一节 精准营销研究概述

一、精准营销的理论界定

1. 精准营销的界定与特点

精准营销算得上是一种比较新型的营销模式，2005年，世界营销理论大师菲利普·科特勒指出了市场营销的新趋势——精准营销。他认为："企业需要更精准、可衡量和高投资回报的营销沟通，需要制定更注重结果和行动的营销传播计划，还有越来越注重对直接销售沟通的投资。"我国精准营销理论体系的创始者徐海亮先生也提出了比较明确的精准营销的概念，他认为："精准营销（Precision Marketing）就是在精准定位的基础上，依托现代信息技术手段建立个性化的顾客沟通服务体系，实现企业可度量的低成本扩张之路。"

基于两位专家提出的理论，我们可以发现，精准营销有着以下的特点。

①对顾客群体、受众的选择定位更为明晰。精准营销，第一要义必然是对产品受众的精准定位，对消费群体的细分有着市场细分的理论基础，并建立在科学准确地搜集消费者的相关信息的基础上，这是一个系统的复杂的大工程。唯有顾客群体的定位更为科学精准，才能因群体而异地使用不同的策略推广不同的产品，商品只有在流通中才能实现自身的价值。与顾客更好更有效的沟通，便于顾客掌握自身需求与市场信息，量身选择适合自身的产品，实现不同市场主体的多赢局面，精准营销在与目标的精确有效沟通中越来越凸显出自身的优势。

②精准营销更加注重营销方案的过程和结果。"精准"是一个涉及营销全过程的动态概念，精准的理念必须从营销方案的规划贯穿至营销活动的终结。由于更加科学精确地定位客户群体，实施不同的营销方案势必需要更多的人力物力投入，所以对营销过程的全方位可控可量化是精准营销方案实施的保证，因为作为以营利为目的的市场主体，自然更加关注投入产出比例，倘若精准营销的收益并不明显优于传统营销模式下的收益，对于企业来说，便不会倾向这种新的营销模式。

③精准营销多依托现代信息技术手段。网络信息技术的发展与消费者使用信息技术的成本下降，以及计算机信息技术的发展导致的网络门口的越来越低的准入门槛，让更多的

人，特别是中青年群体选择电子商务的各种消费模式。精准营销由于自身独有的特点，必须依托现代信息技术手段才能更准确地分析大众收益群，更迅速地按照不同顾客群体的人口统计特征、消费倾向与经济实力等因素发布不同产品或服务的最新信息，更加及时完善地做好物流与售后服务，维护消费者的正常权益，确保企业自身的长远良性发展。

④采用精准的可衡量、可操控的体系保证营销方案。企业在追逐经济利益的过程中，风险可控是非常必要的，而精准营销善于对不同的顾客群体采用不同的营销方案，必须严谨分析顾客资料，慎重制定营销策略，对于某个群体的营销失误，很可能会由于一着不慎，引起局部甚至整体的大亏损。所以对于整个营销活动来说，特别是在精准营销尚未发展成熟的当下，可度量可控制的营销体系是成功的关键。

⑤精准营销是企业低成本扩张之路的必然选择。作为以营利为目的的市场主体，企业无不追求低成本与高回报率的平衡，与传统营销模式相比，精准营销由于顾客定位明确，营销手段各异，对各个群体采取与之相适应的营销策略，明显地显现出优于传统营销模式"铺天盖地"式地大面积推广产品服务信息的营销效果，这就大大降低了产品推广的成本，并且提高了产品的宣传力度，同时又节省消费者甄别广告信息、比较商品质量等购物环节的时间代价，不管是对于企业还是消费者来说，精准营销都是一个很好的选择。

精准营销的理论基础坚实，所以具有非常实际的实践意义。精准营销的主要理论基础有以下几个方面。

①菲利普·科特勒提出的"顾客让渡价值"理论。由于普遍的物美价廉的消费信息，消费者总希望商品可以"让渡"出更多的价值，精准营销"一对一"的营销模式，及时准确地向消费者传递不同的产品信息，大大降低了消费者的时间与精力成本，因而大大降低了消费者的交易费用和交易时间；而在保证企业利润前提下的适当地对消费者的"让渡"，也大大增加了企业的营业额，虽然单位产品或服务的价值有所下降，但是整体上因为满足了大部分顾客的需要，反而取得了比之前营销方案更好的效果。

②市场细分理论。根据市场细分理论，消费者可分为不同的群组，精准营销对准不同的消费群体，发布适合他们自身需要的产品信息，这样及时高效地实现市场主体之间的交流，不仅提高了营销效果和顾客忠诚度，而且也大大降低了企业的成本。市场细分有许多分类的依据，地理特征、行为特征、人口统计特征等都能成为划分不同消费市场的依据。企业在进行消费群体的划分时，应该考虑到自身产品和消费者需求之间的信息对接，合理地划分市场，良好的市场细分是成功实现营销效果的基础。

③"4C"理论。美国劳特朋教授的"4C"理论，即消费者（Consumer）、成本（Cost）、便利（Convenience）、沟通（Communication）。任何一种营销方案的制定，都必须考虑消费者的具体需求，尽量降低产品从设计研发到售后一系列过程的人力物力成本，并为消费者提供物流运送等多种便利服务，在双方的有效沟通信息共享中更好更快地完成营销任务。精准营销由于对营销一系列过程进行准确的控制和投放，自然可以看成4C理论的进一步发展，在便利消费者、降低成本、方便顾客、适时沟通等方面都明显优于传统的营销方式。

二、精准营销的发展脉络及实施措施

1. 从传统营销模式到精准营销

营销学开始于20世纪上半叶，所谓市场营销（Marketing），就是"个人和群体通过创造产品和价值，并同他人进行交换以获得所需所欲的一种社会及管理过程"。传统的营销模式在战略规划、业务组合、营销活动等方面已经发展得较为成熟，并且随着市场经济的逐步发展与完善，在营销的发展中出现了多种辉煌的营销模式，比如连锁经营等；并且在营销界出现了诸多经典理论，至今仍然指导着市场主体的大多数营销行为，比如杰罗姆·麦卡锡于1960年提出的"4Ps"理论，即产品（Product）、价格（Price）、渠道（Place）、促销（Promotion），再加上策略（strategy），所以简称为4Ps理论。随着市场竞争的日趋激烈与竞争方式的多样化，1990年劳特朋的"4C"理论应运而生，即顾客（Consumer）、成本（Cost）、便利（Convenience）、沟通（Communication），从单方面促销与劝导顾客向着市场主体双方沟通共赢的方向发展。随后，美国整合营销理论鼻祖唐·舒尔茨进一步提出了"4Rs"理论，即关联（Relevance）、反应（Reaction）、关系（Relationship）、回报（Reward），着眼于把企业和消费者看成一个共同体同步发展的理念，"4R"营销更加注重紧密联系顾客，提高对市场的反应速度，重视与消费者的互动关系，把市场回报视作营销的源泉。这三个经典理论不是逐步被代替的关系，而是随着市场的发展，逐步完善、逐步发展的。从经典理论的发展轨迹我们便可以窥见企业与消费者之间关系的变化，这也为精准营销这种新型的营销模式打下了理论基础。

传统营销理论发展至今，对消费者的重视程度越来越明显，这已是不容置辩的事实。市场细分理论同样要求我们对顾客群体进行准确定位，消费者存在着性别、年龄、职业、爱好、阶层、经济能力、地域等各方面的差别，而这些因素的综合作用更是使得他们的消费偏好迥异。传统的铺天盖地散布产品信息的营销模式，"广而告之"的推广措施很难实现营销决策者所预设的期望，甚至诸多不相干信息涌入眼球引发消费者的反感，在产品规模扩大、消费期望逐步提高的现在，传统的营销模式明显很难适应新的形势；而精准营销在很大程度上解决了这一问题，精准营销要求营销策略过程中细分消费群体、可控制的营销手段、可分析的营销策略与更好的营销效果，根据不同消费者的消费需求与消费心理，基于网络，采用EMALL广告、门户网站、手机短信、博客、搜索引擎、窄告等措施向消费者推广产品。产品的设计更加个性化，满足不同消费群体的需求，很多企业甚至提供了定制服务，目前市场上提供定制服务的企业以产供销一体的居多，例如戴尔（DELL），就允许消费者根据自己的消费需求与偏好定制自己满意的适合自己使用的机器。

总之，在文献研究法这种基本的研究方法指导下，综合大量已有的研究成果，我们可以发现，从传统的比较成熟的营销模式发展到新兴的诸多方面需要改善与提高的精准营销，是营销界的一项进步革新，精准营销势必带来营销界的新思路，也必将改变传统的营销现状，特别是随着计算机信息技术的发展与普及，随着电信业务的日臻完善，精准营销在电子商务领域的使用将是电子商务行业的新的经济增长点。

2. 精准营销的可实施策略

精准营销在电子商务领域有着广泛的应用前景，虽然目前存在着一些问题和不足，但是我们不能因噎废食，更应该注重扬长避短，采取行之有效的措施让精准营销在电子商务的领域发挥其优势作用。

大致说来，精准营销在电子商务领域的主要实施措施应该包括以下几个方面。

①建立消费群体的信息库。精准营销建立在对消费群体细分的基础上，所以建立他们的信息库是实现精准营销的基础。通过记录不同消费者的性别、年龄、地址、电话号码、电子邮箱、职业属类、购买频率、购买经历、购买力等可以比较准确地分析出顾客的购买心理、消费倾向。特别是网上购物兴起之后，诸多网站都推出了消费者可以自行选择类别的商品广告，并且会记忆消费者的购买习惯、搜索经历等，有选择地向不同的消费者展现不同的商品信息，这些都只有在精准分析顾客的信息基础上才能做到。对于消费者行为分析主要依赖企业电子商务系统中的客户关系管理系统（即CRM），并且分析结果有助于消费者反馈机制的建立。

②精准的市场定位。由于顾客群得以精准地分类，必然要求相应地对产品进行市场定位，市场定位不仅仅因企业的不同而不同，即使对于企业内部的不同产品，也存在着差别。市场定位需要考虑到不同消费者的年龄、消费认知、消费需求、购买力等方面的不同，并建立相应的完善的消费者资料数据库来谨慎分析。特别是随着网络购物的普及程度越来越高，为了提高营销效果，企业必须准确地投放产品信息，精准的市场定位能保证产品信息不在海量的眼花缭乱的信息中被忽略。

③提供个性化的产品或服务。现代市场中，产品或服务的规模庞大、种类繁多，在电子商务模式下，企业为满足不同群体的消费需要，必须将产品的设计和组合权力"让渡"给消费者，使消费者作为设计者选择产品。以戴尔的定制为例，戴尔全方位满足消费者对计算机外观、价格、性能等各方面的需求。企业必须通过个性化的设计与生产方式，最大程度地满足大量富有差异化的消费需求，才能获得更为丰厚的经济回报。

④充分利用各种行之有效的客户寻找工具。随着通信技术的发展，手机短信、Email广告、搜索引擎、门户网站、博客推广、竞争排名搜索、点告、窄告等方式成为精准营销在电子商务领域中寻找消费者的重要手段。应当引起注意的是，选择这些方式不是因为它们的形式新颖，而是因为它们能比较快速准确地在企业与消费者之间互通信息，实现信息与回馈的及时互动与正确选择。拿点告、窄告、Email定制信息来说，这些都是在确定了顾客群体之后发布产品信息的重要措施，不仅仅要按照注册信息、搜索记录与购买经历推荐产品，而且要注意适时更新顾客资料，及时发布不同类产品的信息，借以引起新的消费关注点，推广产品或服务。这些工具与网络技术的结合，真正实现了分众传播。

⑤要注意整个购买发生过程的精准营销。购买不仅仅指的是购买的进行，还包括购买前与购买后两个阶段。

第二节　基于电子商务发展态势的精准营销研究初探

一、基于精准营销发展态势的电子商务模式前景

电子商务虽然算不上是新兴事物，在诸多方面的发展也已经较为成熟，但是与精准营销这一新兴营销方式结合产生的效果还需假以时日才能显现。基于精准营销发展态势的电子营销前景，我们在尚未拥有大量的理论支撑与实证资料之前，只能初步分析，以期达到抛砖引玉的效果。

精准营销对产品从研发到消费者回馈的力求精准的跟踪，必然使得电子商务在日后的发展中更加满足顾客的个性化需求。目前市场上的商品种类几乎饱和，想在激烈的销售竞争中脱颖而出，必须要在产品质量、外观设计、价格制定、售后服务等方面满足消费者的需要，切合消费者不同的消费心理和对产品的期望值。在精准营销的理念引导下，企业更加重视了解、分析顾客的个性化需求，通过自动订货、自动下单、自动跟踪等流程，更好地满足顾客的不同需求。这也要求商品的生产者或服务的提供者必须在同一领域拓宽思路，用不同功能、不同价位的有差别的产品满足不同消费者对同一功能的产品或服务的要求。宝洁公司采取的多品牌延伸策略就是因时因地研发销售产品的绝好案例，宝洁公司的产品种类繁多，包揽了清洁用品、纸制品、食品药品多种行业；另外，宝洁公司的一种产品类型多有不同的牌子，单以洗衣粉为例，宝洁公司设计了九种不同的品牌，即汰渍（Tide）、格尼（Gain）、奇尔（Cheer）、波德（Bold）、达诗（Dash）、象牙雪（Ivory Snow）、卓夫特（Dreft）、时代（Eea）、奥克多（Oxydol），这不仅充分满足了消费者的不同需要，而且有效扩大了市场份额，早在 2005 年，宝洁公司的经济效益就达到了 147.16 亿元，赢得了更多的消费者。电子商务使得产品从研发到消费的过程周期缩短，并降低企业库存，双方及时的沟通交流便于企业严格按照顾客的需求设计生产符合消费者需要的"合适的产品"，我们已经提到的戴尔的成功就是一个明显的例子。另外家电行业的骄子——海尔集团，不仅生产出"探路者"彩电、"大力神"冷柜、"大王子"冰箱、"小王子"冰箱、"小小神童"洗衣机等各具特色的满足不同消费群体需要的产品，更是随着电子商务在线交易的发展，以其独有的"我的冰箱我设计""你来设计，我为你制造"等个性思想为指导，让消费者来随心设计自己喜欢的适合自身需要的产品，通过与合作伙伴之间的密切协作，大大缩短了与消费者之间的距离，这同时也是海尔"以人为本"思想在网络时代的成功尝试。

精准营销不仅仅体现在商对客（B2C）电子商务模式的运用上，为了实现企业原材料、运输、产品更新和企业间的信息共享等，企业对企业（B2B）电子商务模式的运用也是重要的一面。目前市场上已经存在着规模比较庞大的为数众多的企业对企业电子商务模式，在精准营销的理念影响下，企业对企业电子商务模式恰好满足了产品快速更新的需求，这种电子商务模式的介入可能会产生一种非中介化现象，即消灭掉分销商、零售商，从而使买卖双方的商务信息交流更加低廉快捷，降低企业成本，减少库存量，并由于缩短了产品生产周期的同时保持全天无间断运作，大大增加了商机。特别是以卖方为中心的企业对企

业电子商务模式，主要通过全方位汇集买方信息，以招标的形式进行在线销售，但是由于买方面临激烈的竞争压力和价格压力，并需要支付可能较高的佣金而不愿意参加竞标，这很可能会导致买方的匮乏。目前，国内外的这种企业对企业电子商务模式多表现为在线拍卖，以竞价的方式出售产品或服务，这种交易的实质是以价格竞争为核心，建立交易双方之间的交流与互动，共同确定交易价格，从而达到较为均衡的市场经济过程。虽然在线拍卖等还存在许多尚未解决的问题，但是由于这种交易机制扩大创新了拍卖方式，并大大增加了商品和服务的多样性，因此，在线拍卖仍然有着很广阔的前景，并已经在一些市场活动中为企业带来了丰厚的资金回报。依然以海尔为例，面对众多企业饮鸩止渴的价格策略带来的产品质量下降和行业整体亏损的现实，海尔走出了一条全新的企业对企业个性化服务之路，在国内家电行业掀起了又一阵"海尔之风"，海尔强大的企业对企业电子商务模式实现了网上发布采购申请、跟踪维护采购订单、查询基础信息、供应商自我服务、供应商信息中心平台等多项功能，满足企业自身、合作伙伴和消费者的多重需要，这一模式取得了很大成功，北京翠微大厦向海尔订购成人家庭型、单身贵族型、家庭保姆型、清凉宝宝型的各式满足不同消费者的冰箱，海尔企业对企业电子商务交易额早已超过 10 亿人民币，并且早在 2007 年其空调和冰箱就处于领先地位，市场占有率都在 20% 以上，这充分展示了精准营销战略下企业对企业电子商务模式的强大生命力。发展的同时，企业对企业电子商务模式也存在值得进一步研究的问题：①企业对企业电子商务在线市场与传统市场的规模和最优比例，不是所有的企业在任何条件下都能优先选择企业对企业电子商务在线市场，要根据开发在线市场对现有的市场能否形成互补效应；②要充分重视企业对企业电子商务在线市场的双边际化效应和牛鞭效应，虽然企业对企业电子商务在线市场可以大幅度降低成本，更迅速便捷地实现交易，但是交易的市场主体双方都试图追求最大利润，双边际化效应就成为难以避免的现象，同时由于传统供应链中的需求波动很大，也要充分注意如何量化和控制牛鞭效应的问题；③企业对企业电子商务在线市场与传统供应链相比，在线市场即使需要向电子商务服务提供商交纳一定的会员费和佣金，但是整体来说，仍大大降低了交易成本，这使得在线市场的合同协调独具特征，但是目前关于企业对企业供应链合同的研究较少；④目前关于企业对企业电子商务模式与传统市场的策略研究多倾向在物流管理方面，关于资金流和企业对企业电子商务收益管理的协调问题也应该引起研究者和经营者的充分重视；⑤对于企业对企业电子商务在线市场在企业多种资源信息共享的环境下如何与传统市场共赢的问题也应给予充分重视，目前关于电子商务信息流的研究大多属于定性描述，在新的环境下，如何将信息作为一种资源进行定量的精准研究，以及营销决策者如何对待信息流的问题等都是值得进一步深化研究的问题。

二、电子商务领域精准营销理念前景分析

精准营销理念驱动下，带来的不仅仅是电子商务模式的改变，更为重要的是贯穿其中的营销沟通手段的变化。精准营销与互联网的结合，大大缩短了企业与消费群体之间的距离，也使得营销不再仅仅是营销部门的事情，而逐渐发展成为企业各个部门参与的一体化任务，在这种电子商务模式下新的营销手段"整合营销沟通"应运而生。整合营销沟通（Integrated Marketing Communication，IMC），即企业为了吸引维系顾客，扩大顾客群体

和收益进行的跨部门合作。因为消费者与公司任何部门或者代理商、分销商的接触都会成为影响品牌形象的重要因素,所以这种跨部门之间的营销沟通是非常有必要的。在品牌形象的控制权从生产者、经营者的手中转移到消费者受众的情况下,成功的营销必须考虑到至少两点:首先,在"合适的时间",即目标客户需要的地点和时间范围内提供相关信息;其次,吸引网民上传内容或进行产品与服务的评论取得较为客观的回馈信息,甚至为赢得客户运用玩游戏等有趣的方式。由柏兰德(Blendtec)的首席执行官汤姆·迪克森做主角,以"粉碎得了吗?我看难"作为开场白的粉碎机广告视频,不管是汤姆·迪克森的看着很有学问又滑稽十足的穿着、动作,还是他要粉碎的诸如高尔夫球棒、木匠的木把小耙子、萤火光灯泡、大理石、iPhone等物品的摆设以及整个粉碎的过程都趣味十足,广告播出后迅速被优兔(YouTube)会员评为最受欢迎的视频,就是一个非常成功的例子。我们经过非常成功的病毒式营销可以看出:消费者的确很讨厌垃圾广告,但是却又愿意接受与之相关的有用信息。开展整合营销沟通战略首先要对目标市场、品牌、竞争状况以及其他的内外部各因素进行全方位的了解,然后,才能选择与之适应的整个营销工具实现企业的营销效果,整合营销沟通战略是各部门之间的互动合作和协调一致的营销组合的结果。营销沟通工具利用多种新技术,包括通过网页和电子邮件等携带的多媒体和文本信息,存储信息的数据库,以PC机、移动电话为代表的多种数据接收装置,以微博为例的在线沟通等多种方法,如三菱汽车公司通过在网站上注册用户与鼓励注册用户进行预约试驾的手段吸引大量的网站浏览量。指导营销人员为实现目标选择在线或离线营销沟通工具的传统AIDA模式(即知晓、兴趣、愿望、行动)或效果层次模式(即思考、感受、行动)都认为消费者了解产品后形成积极或消极的态度,最终决定是否购买。因此营销者必须选择与之相适应的整合营销沟通工具,一般来说,对于"高参与度"的产品制定购买决策时,消费者会使用效果层次模式,因为这种产品一般属于财物风险、情感风险或者社会风险高的产品,购买之前需要花费大量时间收集信息、考虑替代品等。效果层次模式非常重要,它要求营销者必须准确判断消费者位于购买环节的哪个环节,寻找切实有效的沟通目标和措施。

值得进一步引起关注的是,随着人们经济生活水平的提高,随着生活消费由满足衣食住行需要的基本型消费向寻求自身提高的发展型消费的转变,人们的消费心理也发生了很大的变化。其实,比起理智,人的大脑更加倾向感情的需要,在未来的营销方案中,情感营销将是重要的一面,特别是对于精准营销来讲,情感的因素更能打动消费者。根据著名的心理学研究专家马斯洛的需要层次理论分析,人类的需要是一层层深化的。

另外,根据哈佛商学院阿拉尔教授的研究,95%的消费者对产品或品牌的认知存在于他们的潜意识中,这说明,大部分消费者的购买活动是非理性的,并且多是冲动性消费。对消费者的情感需要的关注,成为营销者成功的重要砝码。我们可以用"美学营销"这一术语来指代能为品牌或企业的识别做出贡献的感官体验营销。美学营销以人们的审美情趣为诉求,给顾客提供美的愉悦和满足。营销人员可以选择色彩、POP、音乐、图案等各种美的因素以及时尚、华丽、典雅、简洁等美的风格,再配以美的主题,来迎合消费者的不同审美需求和消费心理,诱发顾客的购买兴趣,并借此来增加产品附加值。美学营销对营销效果的实现有着非常重要的影响:增加产品附加值以提高产品定价;从鱼龙混杂的杂乱信息中凸显商品;产品商标、名称和装饰物等能在竞争中得到保护;提高生产率并节约成本。当然，情感营销仍然必须要坚守诚信的因素，诚信的经营法则是决定企业成功的最主要因素。一个品牌为了获得顾客的品牌情感归属，应从下列几个方面着手：①先做人后做事，企业经营者的自身品质才是决定产品或服务长久优秀品质的内在因素，从产品研发到推广到售后的一系列过程中，都要切实注重消费者的需求，从消费者的眼光与需求出发；②要言而有信，诚信是市场交易的基石，也是维持经济活动健康良好环境的基石；③货真价实，情感营销在增加产品附加值的同时，必须保证产品的质量，喧宾夺主的外表不能赢得消费者长久的心理倾向；④提供优质的服务，这是需要贯穿整个产品或服务营销方案全过程的重要因素；⑤寻找口碑的力量，病毒式营销经常能达到远高于传统广告方式的营销效果，口碑是保持吸引消费者的重要力量；⑥把握好人脉关系口碑的网络。拿哈根达斯在全球的成功销售为例，哈根达斯绝不含人工香料、防腐剂、色素等对人体有害的物质，脱脂奶的选用更是将美味与健康巧妙地融合在一起，目前哈根达斯已在全世界54个国家开设700多家分店，纽约《时代》杂志曾经美称它为"冰激凌中的劳斯莱斯"。在产品质量的绝对保证下，哈根达斯坚定地走情感营销战略之路，"爱我就请我吃哈根达斯"的宣传语更是吸引众多富有小资情调、消费能力旺盛的青年男女流连其中，它把自己装扮成"高贵时尚生活方式"的代言人，贴上永恒的情感标签，把产品的推广与恋爱的甜蜜连接在一起，店面的装修也非常注重情感氛围的营造，真正做到了"总是在不经意间，给你带来一份最细致体贴的关怀"，同时结合时令需要，开发出随时节变化的适时销售的下午茶、冰激凌火锅、冰激凌月饼等满足人们的多重消费需要。目前，随着网上旗舰店的深入发展，其网站首页、网站背景色的设计等方面多是温婉风情的女性或深情浪漫情侣的相拥情景，温暖协调的背景色设置和方便快捷的导航模式，有效提高了网站点击率，再加上人性化的配送方式，使哈根达斯网上旗舰店的销售取得了良好的效果。

第三节　电子商务领域精准营销应用策略及其研究的建议

一、提出建议的现实与理论基础

随着互联网的普及，网络营销蓬勃发展，而网络营销的进一步革新——精准营销方兴未艾，这一切更进一步冲击了传统的营销市场，成为促成新型营销格局定型的重要因素。目前，虽然对于精准营销尚无权威明确的定义，但是其明显的特点所大致勾勒的营销模式已经被越来越多的人接受。在计算机与用户交互进一步提升的背景下，对基于电子商务的精准营销的试探性理论研究必将为以后的研究与实践提供新的启发与思路，虽然当下的研究可能存在着许多不尽如人意的地方，但是我们也不能忽视开拓者的筚路蓝缕之功。特别是根据中国统计局发布的截至2012年宏观经济景气指数，可见中国经济逐步回暖，投资环境进一步优化，精准营销应用策略的研究更加具有现实性基础。从实践层面上来讲，精准营销可以采取多种方式，如传统营销方式中的通过邮件营销（DM）、电子邮件营销（EDM）、电话、手机短信、直返式广告等手段，以及基于网络营销的搜索引擎优化（SEO）、搜索引擎营销（SEM）、社会化营销等新手段来达到营销预期效果，传统方式中的一些问题已经引起大多数营销者的注意，对于新兴的营销手段而言，更是存在着许多亟待解决的问题。

以搜索引擎优化与搜索引擎营销来讲，搜索引擎优化，即 Search Engine Optimization，经常错误地被理解为依靠提高在百度、雅虎、谷歌（google）等搜索栏中的排名来提高点击率，赢得顾客群，其实搜索引擎的优化是一个贯穿引擎设计全过程的综合问题，可以说，搜索引擎优化 SEO = $\int Clock = \int C1+L2+K3+O4$，其中，C=content, L=link, K=keywords, O=others。搜索引擎优化是一个长期的对"时间"积分的过程。搜索引擎优化的具体做法：内容作为搜索引擎优化的核心板块，创造丰富的适合消费者需要的网站内容的重要性自不待言；充分利用外链、导出链接、友情链接等有效方式加强网站与消费者和商业合作伙伴之间的关系，能够很好地提高网站知名度、推广产品或服务；关键词的设计要注意合理地布局 Title、Description、Keywords、页面关键字以及相关关键字的密度，另外，虽然关键字需要高频度地出现在文中，但是也应该注意，一般在文章的第一段就要放入关键字引人注意；其他的一些因素包括域名的选择、服务器的使用、网站架构的安排、地图的描绘等等也是影响搜索引擎优化整体效果的重要因素。整体来说，网站优化主要包括优化网站内容、关键词、网站结构、代码、网站标签、网站页面、搜索引擎登录等内容，以便搜索引擎能更快捷地搜索到网站的同时，关注企业设计的希望排名靠前的关键词。搜索引擎优化必须遵循搜索引擎的规律，进行友好优化，IT168、搜狐、MSN、网易、中关村在线等很多门户型网站都在利用搜索引擎进行优化，这从一个客观方面说明搜索引擎是欢迎大家进行搜索引擎优化的，这样可以提高网站的可用性，更加突出对用户有用的内容，而这恰恰是搜索引擎优化所需要达到的目的。搜索引擎为了向消费者提供更完善的信息，要在合理化网站导航、清理 HTML、添加权威的实用性强的信息、提供同类产品或服务最优的购物过程等方面多做努力，增加潜在的消费者数量，实现营销效果，在具体的操作层面，有一些需要我们引以为重的方案：首先，网站必须确定自身的商业目标清晰可行；其次，更加人性化、个性化的导航布局会帮助企业在无形中赢得更多的消费者；再次，Web 工具通过分析消费者浏览网站入口的页面，可以进行精准的内部搜索引擎优化操作；同时，企业必须充分利用各项分析工具，挖掘出最具商业价值的关键词，以便消费者进行搜索；另外，企业必须形成自己清晰独特的价值主张，作为搜索引擎优化的指导因素；最后，设置醒目易懂的 TITLE 标志、言简意赅的 DESCRIPTION 标志和合理的概括性强的 KEYWORD 标记。

另外，在搜索引擎优化的过程中通过使用点击付费广告（Pay Per Click，PPC），公司的产品或服务就能显示在搜索引擎中靠前显示。甚至对于付费较高的网站，搜索引擎几乎总是将它们放在第一位，这样，企业通过点击付费广告获得更多的点击量。国家统计局服务业统计司 2011 年发布的数据显示：2010 年，搜索引擎用户规模达 3.75 亿，用户人数一年内增长 9319 万，年增长率为 33.1%；网上支付、网上银行等商务类应用用户全年增长率分别达到 45.8% 和 48.2%，其重要性进一步提升；2010 年，网络游戏、网络音乐和网络视频在网民中的使用率分别达到 66.5%、79.2% 和 62.1%，网络娱乐内容极大地丰富了人们的生活；作为交流沟通的博客，2010 年，用户规模达到 2.9 亿，在网民中的使用率达 64.4%，年增长率为 33.0%。此外，互联网也为企业进行客户服务、内部管理、电子商务、网络营销等方面提供了较好的平台。可见在网络搜索引擎方面，尚有巨大的可开发空间，自然，如何利用搜索引擎做好产品与服务的营销，是企业需要考虑的关键问题。如果企业的点击付费广告成本控制在每次交易获得费用之内，就能获得额外销售，更多的收入和利润使企业迅速达到收支平衡点，这就使企业的利润边际大大扩充，为了降低点击付费广告成本并提高顾客成交量，有效的广告投放必须注意优化编写广告描述，优化关键词竞价排名，优化关键词投放方案。

搜索引擎营销，即 Search Engine Marketing，是建立在搜索引擎优化基础上的搜索引擎营销。这种营销方式主要有竞价排名、购买关键字广告、搜索引擎优化，点击付费广告四种服务方式，竞价排名就是网站付费后才能被搜索引擎收录，一般而言，付费越高排名越往前，是按点击量收费的一种服务方式，客户可以调整每次点击付费的价格或者按照关键字捕捉到不同类型的潜在目标访问者。比较流行的搜索引擎百度、谷歌和雅虎都是这种服务方式；购买关键字广告指的是在搜索页面显示广告内容，同时用户可以更换关键词，这就等于是在不同的页面投放广告；搜索引擎优化已经论述过，不赘述；点击付费广告，即 pay per call，就是按照有效通话收费，是根据有效电话的数量来进行收费的，"TMTW来电收费"就属于这种模式。搜索引擎营销常用的营销方式有搜索引擎营销、电子邮件营销、资源合作营销、网络广告营销、信息推广营销、网址营销等方法。搜索引擎营销利用全面有效的搜索引擎进行网络营销和推广，追求最高的性价比，以最小的商业投入，获取最大的访问量，以此获得丰厚的商业回报。依托权威网站宣传或提供高质量的共享资源及免费服务，企业才能吸引顾客、并满足他们的消费需求，这样才能在消费者的口耳相传中获得口碑效应，通过一系列措施推广企业网站，比如获得权重较高的链接，占据有利资源和广告位置进行信息互换、信息合作、信息免费推广，针对不同的媒体提供不同的资源并进行免费或低价订阅等，进一步对搜索引擎营销提供有利可靠的索引保障。

另外，Web 分析可以帮助企业节省大量的昂贵而没有效果的广告消费，如何解析利用分析结果影响着企业的长期发展，企业要尝试多种有效的数据分析工具，精准地对客户信息进行分析获得营销策略。在互联网的快速普及和网络营销意识逐渐渗透的情况下，企业越来越重视搜索引擎运营商在产品推广与销售过程中产生的商业价值，同时，电子商务的迅猛发展构成网络搜索营销强势增长的刚性需求。搜索引擎依托雄厚的互联网资源和大规模网民数量的优势，逐步成长为商业化的营销模式，并成为企业开展电子商务网站网络营销推广的重要手段。电子商务网站的搜索引擎营销关键点在于建立什么样的营销体系，并借以产生最优的营销效果。在互联网上谁能抢得先机，能得到更多更有价值的潜在资源，就能在未来的市场中赢得主动权。

二、基于电子商务领域精准营销策略及其研究的具体建议

自从"精准营销"的概念被提出之后，这种营销方式在市场各主体的经济活动中得到了大量的应用，并为他们带去了丰厚的经济回报，也为消费者提供了全新的购物体验，特别是对于一部分中小型企业的发展，起到了非常重要的作用。同时，广告市场也在"一对一""点告""窄告""匹配"等关键词新潮词的推动下发生巨大的变化，在某种程度上可以说，网络营销、特别是精准营销，的确是一场发生在互联网领域的革命。但是，伴随

着对相关的一些概念的误读和对精准营销模式不加分析、亦步亦趋的应用，诸多关于精准营销的误区也随之产生，企业在运用这种新兴的营销模式时，不管是在线上的模拟交易还是线下的实体交易，都必须时刻警惕，力求规避这些误区。

第一，企业应该时刻注意，不能对沟通客户的各种手段不加限制地加以使用。在日常生活中，我们经常被形形色色的垃圾短信、推销电话、垃圾邮件等骚扰而苦不堪言，乍一看，似乎这些营销人员也是区分消费群体之后开始群发信息、群打电话、群发邮件的，实则不然，营销人员"饥不择食"般的推销方式与传统的方式并无二致，他们尚未与潜在的顾客群达成营销默契。只有经过双方的信息沟通，达成营销方案上的默契之后，这些打出去的营销电话、发出去的手机短信和电子邮件才能算得上是锁定了"精准营销"中真实的消费群体。同时，新兴的现代化的营销手段一般用于对城市年轻人群体的营销活动中，相较而言，中西部一些地区，特别是农村地区的市场还远远没被开发，随着社会的发展，一大部分的农村地区飞速发展，经济基础越来越好，根据2013年1月发布的《第31次中国互联网络发展状况统计报告》关于网民城乡结构的数据显示：截至2012年年底，农村网民已经达到27.6%。这一巨大的市场，在电子商务时代并未被充分利用，特别是物流运输、在线支付等的限制，广大农村地区的电子商务活动较少，互联网多在娱乐等方面发挥功能，可以想见，在这一地区的营销方案即使没有城市地区那么精准，即使没有非常详细的市场细分，也能取得比较好的效果，农村的各项物资仍然比较匮乏，相信经过精准科学的调研，在一些发展得比较好、互联网使用比较集中、乡镇企业发展比较充分的农村地区进行商对客，个人对个人，甚至是企业对企业的电子商务模式，也能取得良好的效果。新市场的开拓对于拉动经济增长、提高人民生活水平，有着非同一般的作用，在东部地区发展良好的现实下，理应更多地关注中西部地区和农村地区的发展。

第二，太过重视顾客数据库内的数量，从效果来看，数据库的质比量重要得多。市场细分理论本身就需要我们在对顾客进行细分的时候做到客观，而在信息膨胀爆炸的条件下，即使是比较重视消费者信息质量的企业，也很容易忽略了数据库的质量。规模庞大的客户数据库自然是精准营销保持自身长远发展的动力，但是，企业只有根据市场实情采集到的符合自身需要的数据库才是有意义的，通过单纯的服务提供商获得的所谓"海量数据"经常只是增加了很多无用的数据，甚至加剧了数据之间鱼龙混杂的恶果，从服务商处购买的数据造成企业自身有价值数据的利用效果恶化的现实应该引人注意，这种数据资料的获得对实现企业的营销目的来说并无太大的帮助。前文已经提到的哈根达斯瞄准追求生活品质的年轻白领、商务精英、公司高管等经济实力强大、购买力旺盛的消费者，虽然其定位的消费者数量远远赶不上普通型冰激凌的大众消费群体，但是由于哈根达斯忠实于自身顾客群的需求，为他们设计研发恰当的产品，在精英阶级中拥有压倒性多数的忠实的固定的顾客群，这些质量高、数量不多的消费群体长久支持着该企业的发展。不精确的数据库，不仅仅不利于企业的市场定位，而且会影响整个营销方案中产品推广的策略、绩效考核的制定、售后的监督检测等一系列重要目标的实现。作为精准营销的基础，数据库的建设关系着整个营销活动的成败，而在电子商务领域，由于在线交易的特殊性，更是需要认真谨慎地对待搜集到的数据。

第三，精准营销必须设立相应的法律规则来规范各参与主体的行为。由于对消费者进行了细分，企业很可能选择给不同的消费群体发布不同的信息，这一事实中必须通过立法等手段确保面对不同购买力的消费群体，同样的商品价格不能相差太远。在企业对企业电子商务模式中，企业间应该做到真正的信息共享，并且严格为商业合作伙伴保守商业秘密，营造和谐健康良性的市场交易环境。对于企业对政府电子商务模式来说，由于政府的介入，而政府这一特殊的既作为消费者又作为管理者的角色的行为，有必要对采购、税收等行为进行规范。对于为数众多但均交易额不大的个人对个人电子商务模式而言，营造一个健康安全的交易平台是亟须解决的事情，确保每个消费者的财产安全。电子商务立法必须遵循协调性原则、超前性原则、兼容性原则、安全原则、鼓励促进原则、引导原则和灵活性原则，具体来说：协调性原则就是电子商务立法应该与国际立法相互协调，与现有的法律相协调，切实保证消费者获得不低于甚至是高于其他商务模式的保护水平；电子商务的相关法律规则等为了使自身信息技术不断发展的客观需要，要求对交易活动中涉及的相关技术和范畴采取超前性原则；电子商务立法时要与已有的和可能出现的技术手段标准等相兼容，适应市场的需要；电子商务活动规定电子认证、电子签名、电子支付等具体的制度保证交易和信息的安全，安全是电子商务立法的重要使命和基本原则；电子商务相关法律规则应该注意促进经济发展、提高国内外贸易质量的原则，并引导创造良好健康的经营环境、吸引更多的企业和社会公众积极参与其中；灵活性原则要求立法活动考虑到本地区、本民族、本国家的特殊性，在和外部的互动协调中给自己留下一定的发展空间，利于自身在当地当时的实际情况下取得良好的发展。劳伦斯·莱格斯提出的规范人类行为的四种因素包括法律、规范、市场和代码。具体而言，法律是由权力机构制定的，对任何公民或者法人等具有平等强制约束力的力量；规范则是在社会生活中约定俗成的，是全民在共同的生活环境下形成的非正式的民意表达；市场则是通过商品的价值规律来调节人们的经济行为；代码又称为架构，有天然形成的，比如山川河流，有人工建立的，比如建筑桥梁，这种限制是"自我实施"的，显然，在当今的市场并未完全成熟的环境下，能有效约束人的经济活动的仍然是法律。法律规则作为"看得见的手"，是由国家、政府等暴力机构主导的强制性规范，不仅仅作为国家实行宏观调控的工具，而且作为约束市场主体的强制性力量引导市场健康的发展。目前全球的隐私保护主要存在以美国和欧洲为代表的两种不同的法律体系。美国的隐私保护法律较为宽松，主要依靠自律与美国市场长期形成的市场文化作为监管，更为注重市场的发展，相信市场自身的调节机制。与之相应，欧洲的相关法律体系则更多依赖政府的强制力量，但是因为管理诸如侵犯隐私等外部效应投资巨大，这给政府造成了较大的经济负担。面对复杂的市场环境，我国也应该在商务秘密的隐私保护等方面加强管理，建立完善相关的法律体系，通过市场参与主体自我协调的市场自律和互联网技术自上而下的技术控制等综合手段促进市场经济更为健康良性的发展。

第四，精准营销必须因时因地而宜。仔细斟酌可以发现，精准营销本身包含的"精准"概念就要求人们不能跟风，近些年网络开放平台的使用大大方便了市场主体之间的商务来往，所谓"开放平台"就是在技术达标的网络活动中，软件系统公开其应用程序编程接口（API）或 FUNCTION 函数，允许外部程序的介入，以便分享共用该软件资源，或者丰富软件自身的功能，并且不需要改变程序的源代码。网络开发平台的使用大大方便了人们的商务往来，但是对于一些没有掌握相关网络技术的人来说却成了限入门槛，如何结合自身

特色和潜在的顾客群体,并兼顾到不同人群的计算机使用情况而开发使用开放平台,是企业更应该关注的事情。另外,近些年一些企业根据职业归属,把校园作为营销活动的主要场所,这是很好的精准营销案例,但是倘若没有很好地优化营销方案,是很难达到预期效果的,许多中小型企业忙于寻求校园代理等,然后不了了之地搁浅营销方案便是很好的例子,如在北京,这座拥有丰厚教育资源的城市,一些适合学生这个消费群体使用的产品或服务当然能比较好地取得规模集聚效益,一些环境别致、经济实用的咖啡店在各大高校的成功开设便是对学生市场的成功精准营销。又比如,宝洁公司采取的多品牌延伸策略更是因时因地研发销售产品的绝好实力,宝洁公司产品种类繁多,从香皂、护发用品、牙膏、洗衣粉、柔顺剂,到卫生纸、咖啡、蛋糕粉、土豆片,再到卫生纸、化妆棉、常备药物等,包揽了清洁用品、纸制品、食品药品多种行业;另外,宝洁公司的一种产品类型多有不同的牌子,例如仅仅在中国市场上,洗发用品就有"飘柔""海飞丝""潘婷"三种,这充分满足了消费者的不同需要,中国市场上的洗发水"潘婷"注重对头发的保健营养,"海飞丝"注重去头屑,"飘柔"使头发光滑柔顺,不同的功能赢得了不同消费群体的喜爱,毋庸置疑,宝洁公司一定是世界上拥有牌子最多的公司;此外,宝洁公司产品的翻译也值得称道,"舒肤佳"给人体贴关爱的感觉,反而比中国本土的"福乐尔"香皂更为贴近消费者的心理诉求,加上"舒肤佳,爱心妈妈,呵护全家健康"温馨体贴的广告词,以及不同颜色不同功能的多种可资选择产品,使舒肤佳一直占据着香皂市场的不二地位。消费者的口碑传播是一种消费者与消费者之间的信息交换,它会影响到产品评估和购买决策,即使在不同的国家和地区进行同样产品的推广,也必须充分考虑当地消费者的消费偏好与心理需求,更加贴近当地的消费文化,只有根据线上线下营销的不同并因地制宜地拿出合适的方案,才是精准营销在现代商务活动中充满活力的运用。

第七章 电子商务背景下企业云营销模式的创新研究

第一节 云营销相关理论研究现状综述

一、云计算的国内外研究现状

1. 云计算简介

云计算是在硬件虚拟化,系统管理自动化以及网络技术和分布式计算不断发展的基础上产生的。云计算的发展是在多项技术综合发展的推动下进行的。福斯特(Foster)认为云计算最大的特点就是云计算本身就是虚拟化的,这要求云计算是能够在信息、存储、数据以及软件资源的分布式组件基础上组建的。布亚(Buyya)等则认为云应该是由一组内部相互联系的虚拟机所组成的并行和分布式计算系统,并可以做到依据客户要求的服务水平并签订协议从而动态地提供一种或多种统一计算资源。麦肯锡咨询公司指出:云服务是基于硬件的一种新型的服务,其可以为客户提供计算、网络以及客户所需的存储。在提供服务的过程中,从客户的角度来说,硬件并不是直观可以看得见摸得着的而是抽象概括的,客户可以将复杂多变的基础设施成本作为可变运营成本。安布拉斯特(Armbrust)、索托马约尔(Sotomayor)等提出云是数据中心提供服务的软硬件设施,云也指基础设施作为服务供应商的数据中心基础设施部署。关于云计算的一些主要代表人物及其观点见表7-1。

表7-1 关于云计算的主要代表人物及其观点

代表人物	观点
福斯特(2003)	计算应该是虚拟化的,要能够在信息、存储、数据以及软件资源的分布式组件基础上组建
布亚(2009)	云是由一组内部互联网的虚拟组成的并行和分布式计算系统,并能够根据服务供应商和客户之间协商好的服务水平协议动态提供一种或多种统一计算资源
麦肯锡咨询公司(2009)	云是基于硬件的服务,提供计算、网络和存储容量。其中,硬件管理是从买方的角度高度抽象出来的,买方将基础设施成本作为可变运营成本,而基础设施的容量是灵活多变的
安布拉斯特(2009)	云是数据中心提供服务的软硬件设施
索托马约尔(2009)	云指IT基础设施作为服务供应商的数据中心基础设施部署

云计算可以说是在大数据的发展背景下应运而生的,加州大学的研究指出云计算的特征有:无限计算资源的假象;云用户对预先承诺的消解;用时才需要支付的能力。布亚等的研究中指出云的共同点应该是:用时付费;弹性能力和无线资源的假象;自助服务界面;抽象或虚拟化的资源。

本章从云营销的角度解读云计算,人为将云计算应用在营销方面。云计算的特征有以下几点。

①服务方式多样,云计算的服务模式有三种:软件即服务(SaaS)、平台即服务(PaaS)以及基础设施即服务(IaaS)。

软件即服务的模式非常简便,它可以使客户通过浏览器使用互联网上的软件,这不仅缩短了使用软件的路径,也使得维护成本相对传统的软件服务模式更加低廉。平台即服务相对软件即服务更为高级:云服务商提供应用服务引擎来满足用户的使用需求。平台即服务是在软件即服务的基础上发展而产生的,这种服务模式下,被用来服务的是软件研发平台,它还可以使得软件即服务应用的开发速度加快。基础设施即服务在一定意义上来说是最为复杂的服务模式,它可以为用户提供虚拟的硬件平台资源,如虚拟的主机、存储、网络以及安全等。基础设施即服务是最基础的服务,其目的是向目标用户提供灵活且高可靠性的服务以及存储性能。企业可以选择通过软件即服务,平台即服务或者基础设施即服务的方式实施企业的云营销活动。

②虚拟化,云营销不需要任何实体硬件,也不需要安装软件,云用户可以在任何时间、任何地点,使用任何终端连接网络即可请求云端资料,获取用户的一切所需。

③精准化服务,云计算的最大特性即云计算可根据用户的需求提供不同的服务与平台,以此做到满足用户的精准服务,但一般是在基础设施即服务服务平台下,允许用户设置自己的虚拟设备,并给予权限访问虚拟服务器。

云计算的特性决定了其诸多的优势,但与此同时也带来了一些新的问题需要开发者及用户共同解决。

2. 云计算的国内外研究现状

尽管云计算并不是我国学者提出的,但是在云计算出现之前,我国学者提出的透明计算,并构思其特性与应用情况,所谓的透明计算与云计算其实是非常相似的概念。张尧学教授从事的透明计算,其原理与云计算在某种意义上来说是相同的,只是我国学者并未在云计算这一领域提出专业见解及定义相关概念。自国际商业机器公司(IBM)宣布了云计算计划,云计算就受到业界的重视与关注,国际商业机器公司在技术白皮书《云计算》中将云计算定义为:云计算是用来描述一个系统平台或者一种类型的应用程序。云计算服务平台应该能够做到适时根据用户的需求进行部署(provision)、配置(configuration)、重新配置(reconfigure)以及取消服务(deprovision)等操作。对于云计算的应用层面,其目的是能够利用网络进行访问且可以随意扩展的应用程序。云计算的过程涉及计算机及其他领域的诸多技术。

不仅是云计算,在网络发展开始,网络安全与隐私就一直是业界关注的重点,在大数据发展的时代,网络安全的重要性会更加突出,这也关系到消费者是否愿意采取网络消费的方式进行消费行为的基础。很多学者就安全问题,提出自己关于云技术的相关解决方案，如莫布雷（Mowbray）提出了基于客户端的隐私数据管理，通过降低敏感数据的传输，可以防止在不同的场景下泄露和丢失敏感数据，来降低使用云计算的风险。在云计算设计的早期考虑安全性策略是非常有必要的，信息的传递、交互以及数据的共享在网络上随时随地地发生着，而云计算服务的分布式体系结构使得安全性问题显得更加复杂。因此伯恩斯坦（Bernstein）等从网络拓扑结构、安全的协议格式和传输数据拥塞控制的角度分析如何确保云计算模式使用的安全性。使用云计算服务的用户正在日益增加，而不同的用户和服务提供商，能够获取的数据也是不同的，这需要云计算的灵活存取控制机制。德舍尔（Descher）以及平口（Hirofuchi）等学者认为，传统的存取控制方法已经不能完全适应新的网络环境。刘鹏在云计算环境下，提出了语义控制策略语言（Semantic Access Control Policy Language，SACPL）来描述存取策略，面向本体系统访问（Access Control Oriented Ontology System，ACOOS）以此语言为基础进行设计，云计算一方面要增强其互操作性，另一方面要最大限度地保证数据的安全性。

国外对云计算的理论研究主要集中在以下两个方面：一是云计算的定义，大多数学者及企业认为云计算（Cloud Computing）是网格计算（Grid Computing）、虚拟化（Virtualization）、网络存储（Network Storage Technologies）、效用计算（Utility Computing）、负载均衡（Load Balance）、分布式计算（Distributed Computing）和并行计算（Parallel Computing）等传统意义上的计算机技术和互联网技术发展与融合的产物。它的目标是"利用互联网整合多个成本相对较低的计算实体，从而形成一个具备超强计算处理能力的完善的系统，并通过例如软件即服务、平台即服务、基础设施即服务、管理服务提供商等先进的商业模式，把这一强大计算能力分配给最终的云计算用户。云计算的核心理念之一即希望能够利用改善'云'的处理能力，来减少最终用户终端的处理负担，使最终用户终端只成为简单的输入输出设备，但关键是这些用户仍然可以按照自身需求去享受强大的'云'计算处理功能。云计算的核心理念就是将众多利用互联网连接的网络计算资源进行集中管理和调度，并形成一个规范的资源池来提高服务。"二是对云计算商业模式的研究，认为在云计算的环境中，核心就是服务，软件可以作为服务，服务平台也是云服务的平台。基础架构是云架构的服务。云服务主要包括平台即服务、基础设施即服务、软件即服务三种主要的业务模式。

3. 云计算应用前景

关于云计算的研究领域囊括了各个方面，但在云计算的核心技术上，国内的研究与国外相比仍有很大的改进空间。目前云计算的应用领域主要集中在医疗、制造、金融、能源、政务、科研等方面，虽然实际应用范围并不广阔，但在国家政策的带领和信息技术的发展环境下，云计算正一步步走进各行各业，逐步发展起来。

（1）医药医疗领域

医药医疗领域在各个方面都要求严格并先进，这不仅仅是对医疗水平的要求，在其他方面也是如此。因此，在大数据诞生之时，医药医疗领域就积极响应业界的倡导，并且，"新医改"的政策也要求医药医疗行业具备完善的信息管理系统，完成信息化系统的更新，适应医疗改革的要求。在这种要求与发展的前提下，医药行业开始逐步使用云信息平台来提高医药企业的内部信息共享能力与医疗信息公共平台的整体服务能力。

（2）制造领域

制造业的竞争已日趋激烈，现代化的制造业已经不能够依靠优质的产品就可以在竞争中取胜，一个具有现代化标志的制造企业应该是产品不断创新，管理现代化，内外部供应链密切配合的企业。云计算将在企业内部"研发—采购—生产—库存—销售"信息一体化的进程中发挥重要的作用，使企业更加具有市场竞争实力。

（3）金融与能源领域

金融能源企业的信息化建设可以说是信息化建设的领头羊，尤其是能源企业，在落后于金融业信息化建设的现阶段正逐步追赶最新信息技术的支持，在不久的将来，我国的重要能源行业都将进入"IT资源整合集成"阶段，这表明，云计算的应用是必不可少的，云计算模式会在很大程度上加快这一阶段的到来。以基础设施即服务为基础建立物理集成平台，并在此基础上集成多种服务器基础设施的应用，从而建立可以高度复用并统一管理的IT资源池。由此可以看出，云计算在一定程度上会是金融、能源企业信息化整合的重要决定因素之一。

（4）电子政务领域

政府公共事务机构早已开始建立"公共服务平台"，希望能够通过先进的信息技术能够更好地做好公共服务，也为服务型政府做好宣传工作。这个过程，必然会有云计算的加入，通过虚拟化技术构建公共平台服务器集群，利用平台即服务技术，从而使得公共服务平台具备高稳定性及高可靠性，以此提高平台持续为客户服务的能力。

（5）教育科研领域

目前阶段，云计算已经初步应用到清华大学、中科院等单位，并取得了很好的应用效果。未来阶段，云计算会更加广泛地与科研领域相结合，在高校已有的水平下开展云计算的应用研究，并能够建立云计算平台，与所拥有的服务器及存储资源高效结合，提升高效研发工作效率。

二、云营销的研究现状

1. 云营销的定义及应用

云营销的定义并没有一个统一的说法，更多的研究是关于云计算的定义及其原理，罗丹和王艳等都认为，云营销是在云平台的基础之上，通过各种媒体及搜索工具盒云计算技术，整理、分析、修正以及利用最终完成营销活动的一个过程，其最重要的是在这些过程中建立起完善的营销系统。本文将云营销定义为，以云计算为技术支撑，将各种网络渠道的营销资源进行整合，结合传统营销系统知识，通过云平台的分析和处理，形成一套全新的不完全是电子商务营销的线上营销系统。

云营销基本可以用于所有行业的营销。对于并没有开展线上服务的企业也可以采用云营销机制，因为云营销并不等同于电子商务，而是通过线上营销的方式来推广产品的营销活动。随着云计算的不断普及，会有越来越多的行业选择采取云营销的方式来实施营销计划。

2. 云营销的研究现状

近年来，云营销在各行各业都得到认可并得到一定的应用，如电子商务、互联网门户、团购网站、服装配饰、金融等行业最先开始采用云营销的方式。国际上，业界早有电子商务企业建立自身的云营销数据平台，谷歌邮箱（Gmail）或者优兔不论你是否使用过，只要你对其有所了解，那么你就对云营销有了一点的接触与理解。早在前几年，谷歌公司就准备将其多种产品进行整合管理，以便为用户提供更好的体验与服务。在国内，几个重要的电商平台都在积极发展应用云营销，如腾讯企业对其旗下的视频、微博、空间等产品进行整合，企图实现内容、权限、后台管理的互通。云营销优势主要有：①商情监测，由于云营销平台信息的多样性与及时性，企业可以通过云营销的网络平台，收集相关信息与数据，以此分析竞争对手甚至整个行业情况，在此基础上全面了解行业动态并分析自身企业的优势，在现实的营销策略政策上做出正确的选择，用最小的投入获取最具竞争力的企业优势；②最大限度满足消费者的需求与偏好，在大数据出现之前，或者说在云计算发展之前，企业对消费者的分析与理解都是单向片面的，而云营销可以最大限度地整合资源，充分了解某一个消费者或某一类消费者的消费偏好与需求，可以真正做到以客户为中心，满足消费者的需求，这也会在无形中为企业竞争力的提升做出巨大贡献；③互动性和整合性，云营销对多种营销进行取长补短，并利用互动式营销，可有效拓展业务以达到增加企业利润的目的。所以说，云营销不仅可以扩充信息量并提高信息利用率，还能够同时做到降低企业的信息投资及运营成本。这些对于中小型企业来说是非常重要的革新。

三、传统电子商务网络营销与云营销的区别

云营销与传统网络营销的最终目的都是为企业带来长久利润，推广企业品牌及产品。但它们在宣传方式上有着很大的区别，云营销已经走到时代的前沿，更多使用较为前沿的信息技术。图 7-1 为云营销、网络营销与传统营销在营销方式上的区别。

图 7-1 云营销、网络营销与传统营销在营销方式上的区别

第二节 电子商务企业实施云营销的基础

一、云营销应用现状

随着网络信息技术的发展，云计算自提出开始就被引入营销领域，但目前，仍属于探索阶段。现阶段，已有多个国家建立云计算产业，特别是在美国等经济发达的国家。云营销的特点与应用优势决定了云营销将是未来经济活动及营销中不可缺少的内容之一，希望通过云营销获得企业竞争优势的企业也越来越多。云营销已经被公认为最新并且是最好的营销应用途径之一，云营销也正以其独特的优势影响着经济发展与进步。

互联网时代最大的特征就是数据开放与资源共享。知名电子商务企业建立云营销的数据平台已不是商业机密。比如前文所提到的谷歌公司，它其实在 2012 年就提出云营销的构想并付诸行动，谷歌公司还将整合其旗下的其他产品渠道信息，希望能够更大限度地整合消费者的信息，以此可以推出更符合消费者需求与偏好的产品和服务，从而不断使企业更具有企业竞争力，持续稳定发展。电子商务企业的领头羊们都在不断地开发产品与服务领域，有些甚至是与其企业并无直接关系的领域，这表明，企业不能够再依靠传统渠道收集的信息来分析消费者，这就要求企业通过云营销的方式在更大程度上整合收集企业与消费者的信息数据；而中小型电子商务企业，可以选择通过第三方的云营销数据平台公司，在数据平台上收集所需信息，最大限度地利用数据资源，争取能够在领域内与强势企业进行竞争并取得成功。

二、电子商务企业实施云营销的 SWOT 分析

环境分析的方法有很多种，目前业界认可度较高的为 SWOT 分析法与 PEST 分析法，本章从 SWOT 分析法的角度出发分析电子商务企业实施云营销的条件是否已经成熟以及可能存在的危机。SWOT 分析法是企业用来分析自身的优势（strengths）、劣势（weaknesses）、机会（opportunities）和威胁（threats）的一种方法，图 7-2 表示了 SWOT 分析法的几个维度。本文将其应用到电子商务企业实施云营销中，通过文献查阅及新政策解读的方式指出，并依照矩阵形式排列，从中得出一系列相应的结论。

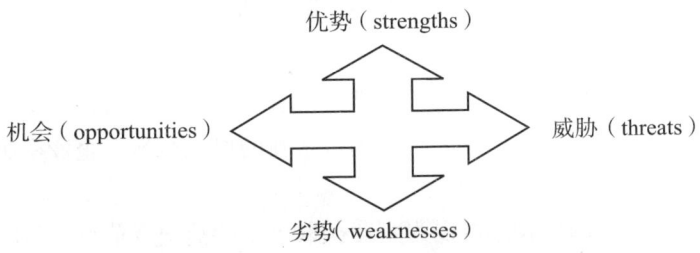

图 7-2 SWOT 分析法的维度

不同于 PEST 等其他的环境分析方法，SWOT 分析法是根据企业自身内在条件进行分析的方法。这不同于迈克尔·波特的竞争理论，波特的出发点是产业结构，以此分析企业可能面临的竞争力会来自哪些方面。其他理论如能力学派则认为应该从价值链的角度分析企业所能够提供价值的过程，其侧重于对企业的资源和能力进行剖析。SWOT 分析法是在波特竞争模型与能力学派构想的基础上，整合资源学派的研究，其观念是将公司的内部环境分析与产业竞争环境的外部分析综合起来考虑企业的竞争分析体系。SWOT 分析法是结构化的，也是系统性的。在结构化方面，首先在形式上，会事先构建分析矩阵，分区域进行分析；其次在内容上，要求从结构上对企业的外部环境以及内部资源做深入分析。总的来说，这种分析方法的特点就是通过运用系统分析的思想将企业内外部多个独立的因素整合在一起进行总体分析，从而更加科学全面地制定一个适合企业在现阶段以及未来长时期内稳定较快发展的战略计划。

1. 云营销的 SWOT 分析

SWOT 分析法自提出就被广泛地应用到战略研究与竞争分析中，很多企业更是将此方法作为战略管理和竞争分析的重要工具。SWOT 分析法通过罗列优势、劣势、机会、威胁的各种表现，分析总结企业竞争环境及竞争能力的报告，业界也有很多学者对其主观成分有一定的异议，但这并不影响 SWOT 分析法的说服力，但也要求使用者在使用 SWOT 法时要充分考虑其不足之处，做到真实、客观、精确，如果有可能还要求提供相应的分析数据以减少定性分析的比例，完成令人信服的 SWOT 分析报告。

根据不同的优势，劣势，机会和威胁，企业可以采取相应的战略解决企业问题，提高发展速度。图 7-3 为电子商务企业实施云营销 SWOT 分析的基本层面。

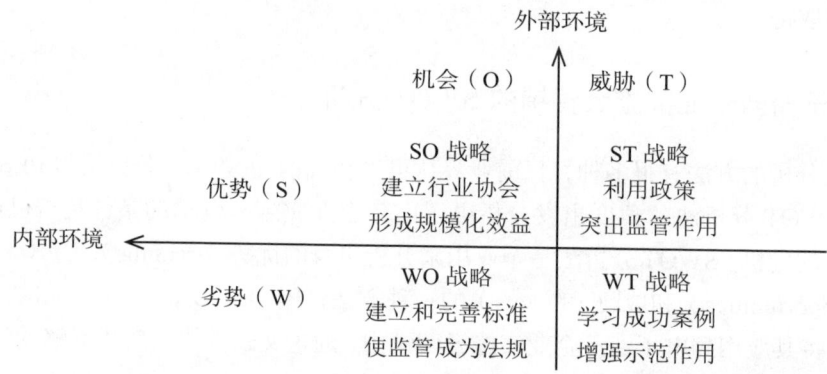

图 7-3 SWOT 矩阵分析

（1）优势

正是因为云营销的诸多优势，使得云营销得以被迅速推广。云计算不仅在技术上给营销方式带来一次革新，也在营销理念上给营销带来新的思想风暴。企业实施云营销的优势主要集中在以下几点：

①云营销作为大数据的代表，可以为企业获取更多的消费者信息，且随着消费者受教育程度的增加、接触电子商务的频率的升高及生活节奏的不断加速，消费者对企业实施云营销服务的需求及认可度较高；

②实施云营销成本低,且可以随时使用随时撤销,从企业的角度来看成本风险较小,如果是从外部租用云平台,则可以根据企业具体需要采用,可以减少浪费,如果是企业自身建立云营销平台,还可以为其他小企业提供云平台服务,从而获取一定的收益以减少企业营销成本;

③电子商务企业对信息技术的要求过高,在短时间内,消费者可以有众多的产品浏览信息,需要企业在短时间内获取消费者消费偏好从而做出正确的营销向导,而基于map-reduce及多项技术的云计算可以在短时间内达到这一要求,可以满足消费者关于企业营销的要求;

④云营销的推广本身也可以通过云平台的方式推广,一旦企业采用云平台实施云营销计划,则消费者不论通过何种终端都可以在第一时间获取产品信息,也可以获取企业实施云营销的信息。

(2) 劣势

企业实施云营销的劣势指企业的营销资金预算、技术使用条件、人员素质等方面的不足,综合这些条件,可知当前经济环境下电子商务企业实施云营销的劣势主要有以下几个方面:

①大部分消费者可能处于初级网购阶段,对云营销信息服务的需求和认可度较低;

②对于企业营销人员来说,可能部分营销人员对大数据处理能力整体不高,会对企业实施云营销计划产生一定阻力;

③实施云营销的初级阶段需要投入大量资金建立云服务平台,对企业而言可能会产生资金紧缺问题;

④对于未接触大数据的小型电子商务企业,其信息技术水平较低,对实施云营销的能力本身不足;

⑤通过云营销获取的消费者信息可能不准确,使得营销结果也不准确,可能会丢失潜在客户;

⑥缺乏专业云营销人员,缺乏专业数据处理分析人员,对于云营销而言,企业需要的是营销能力与数据分析能力兼备的营销人员,在大数据的初步发展阶段,这类人才是少数。

(3) 机会

我国的大数据发展处于起步阶段,但不断受到重视且重视程度越来越大,这对于企业营销的影响也越来越大,这些都使得电子商务企业实施云营销的条件越来越成熟,主要集中在以下几个方面。

①国家政策的大力支持,2010年《国务院关于加快培育和发展战略性新兴产业的决定》中明确提出,加快发展新一代信息技术产业的发展。2010年10月,工信部与国家发改委联合印发的《关于做好云计算服务创新发展试点示范工作的通知》一文促进了云计算的大力发展。"十二五"规划也将信息技术的发展写进章程。这些都是云计算乃至云营销得以发展的政策机会,并可以在推行实施上减少发展障碍。

② 2009年5月22日,由多个权威性组织及机构共同主办了"中国云计算标准化研讨会"。这些机构包括工业和信息化部软件服务业司、国家发展和改革委员会高技术产业司、国家标准化管理委员会、中国电子技术标准化研究所、"SOA标准工作组"、国家信息

技术服务标准工作组。此次研讨会是中国企业实施云营销的基础,为云计算的发展奠定了技术研讨基础,也为企业实施云营销提供了社会经济大数据的环境;

③云营销的推广使用会促进消费者对企业关于信息服务需求的增加,随着时间的推移可以提升企业在消费者消费偏好中的影响作用和地位,消费者会更加依赖企业提供的营销消费推荐内容;

④云计算在较大程度上提高了资源的利用效率,可以降低企业对人力和财力的要求,可以节省更多成本,达到更好的营销效果;

⑤云营销适合任何企业类型的营销机制,市场潜力较大;

⑥在大数据的发展初步阶段,企业实施云营销可以做到先入为主,抢占市场先机,首先实施云营销的企业必然会首先获取大量消费者的消费偏好,在初期获取绝对消费者。

(4) 挑战

机会也可以转化成挑战因素,大数据所带来的海量数据确实是企业所需求的,但是如何利用这些数据信息,以及如何保护消费者个人信息是大数据时代每个人以至每个企业都在担心的问题。云营销所带来的挑战远不止此。企业实施云营销的挑战可以归结为以下几个方面:

①云计算集分散化、个性化以及柔性化等特征于一体,要求在针对不同消费者推行营销计划的同时提供截然不同的营销方案,对消费者的各种消费需求进行更深层次的挖掘;

②云营销的实施属于营销模式的创新,实施难度相对较大,不易推广;

③随着云计算的不断发展,实施云营销的企业会越来越多,竞争也会越来越激烈,实施云营销的企业可能会丢失营销优势;

④随着大数据的发展,可能会出现比云营销更好的营销技术和模式;

⑤消费者信息的保护,不能将消费者个人信息泄露,要保护消费者隐私。

2. SOWT 策略分析

针对电子商务企业实施云营销的优势、劣势、机会、威胁各因素的分析,从 SWOT 分析法的角度出发,本书提出相应的解决措施,可以为企业实施云营销提供参考。

首先,从机会和优势的角度考虑,企业可以定期发行关于云营销座谈,制定个性化营销,建立行业协会并响应国家政策积极策划相关活动定期举行。其作用主要是使得云营销逐渐登上经济的舞台,使消费者及多数企业了解并接受云营销的理念,并且使得云营销的规章制度更快的出台,规范行业行为,建立一个健康有序的网络经济环境。其次,从优势与威胁的角度考虑,企业可以利用海量数据,定期培训营销人员的云计算技术,利用政策并突出监管作用。这也是为了规范云营销的一些措施,使不利于企业的因素降到最低,并在一定程度上利用这些不利因素,制定对企业有利的战略。再次,从劣势与机会的角度考虑,企业可以建立和完善标准,使用专业人才,小型企业可以选取租用云平台服务并使监管成为法规。这样不仅可以使企业的劣势变成优势,还可以充分发掘云营销的潜在优势,化劣势为优势。最后,从劣势与威胁的角度考虑,企业可以学习成功案例加强个人信息保护工作,不断创新并增强示范作用。这些措施主要是为了最大限度地减少对企业实施战略的不利方面。上述措施归纳为表 7-2。

表 7-2　SWOT 分析法的云营销解决策略

SO 战略	ST 战略
定期发行关于云营销座谈 制定个性化营销 建立行业协会 响应国家政策指导	利用海量数据 定期培训营销人员的云计算技术 利用政策 突出监管作用
WO 战略	WT 战略
建立和完善标准 使用专业人才 小型企业可以选取租用于云平台服务 使监管成为法规	学习成功案例 加强个人信息保护工作 不断创新 增强示范作用

第三节　电子商务企业实施云营销的分析

博弈论也称对策论，其研究的是当决策主体的行为作用时，决策主体采取的决策以及采取这种决策的情况下所带来的均衡问题。

博弈可以分为合作博弈和非合作博弈，如果双方能达成此协议，那么就称为合作博弈，否则的话就称为非合作博弈。非合作博弈分为完全信息博弈和不完全信息博弈。这两者之间的不同是参与者对信息的获取以及由此造成的博弈参与者的利益出现因时间先后而有所变化的情况。所谓的完全信息博弈，是每一参与者都知道其他所有参与者的准确信息的博弈，也就是说，没有博弈前的不确定性；相比之下不完全信息博弈，则是在博弈还未开始的时候，至少有一个参与者无法获取博弈信息结构的某一方面信息，存在一定的博弈发生前的不确定性。根据博弈中的其他条件变化还有静态博弈和动态博弈。静态博弈是博弈方同时行动同时做出策略决定，如"囚徒困境"。动态博弈则是博弈方的行为发生有时间上的先后，且后行动者是可以获取先行动者的行动或策略信息的。在电子商务环境中，各企业相互联系但并不了解其他企业的决策方向，所以本文博弈分析方向为不完全信息环境。在实际市场环境中，企业的决策会在很大程度上受到其他企业的决策的影响，因此，云营销的博弈分析选择动态博弈方式进行。本文根据不完全动态博弈建立相应模型，为云营销的实施提供理论基础。

一、云营销中博弈方的选择

从营销的角度，云营销的参与方必然是企业或者说是商家，本次博弈分析选取两个完全相同的电子商务企业 1 和电子商务企业 2，且该领域的电子商务市场只有这两家企业，构成特定领域的双寡头市场，并且市场容量及市场需求量是一定的，规定为 Q。企业 1 和 2 之间互相不了解对方的决策方向。建立博弈模型的前提是两个企业的市场地位在一开始是相同的，且对云营销的认知和使用条件相同。但是在实际市场环境中会有企业先行动，假设企业 1 先采取行动，制定决策，企业 2 根据企业 1 的决策作出相应决策。如下图：

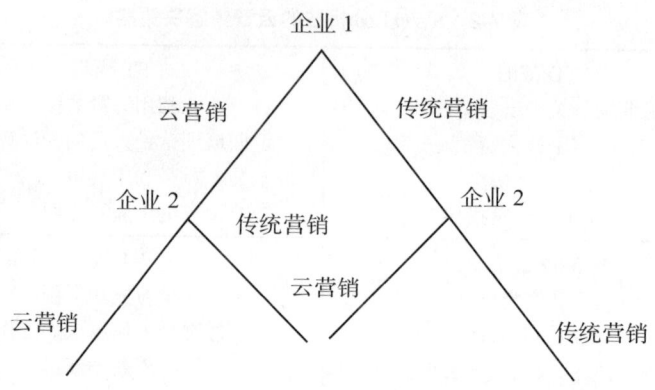

图 7-4 双寡头市场营销博弈模型

二、博弈模型的建立基础

1. 模型假设

①假设某电子商务领域内只有两个寡头企业 i（$i=1$，2）出售同类产品，并且双方属于具有完全信息的非合作博弈；

②各企业提供的产品可以相互替代，其主要差异表现在营销策略上的不同；

③消费者、企业都是理性的，即企业追求利润最大化；消费者追求剩余最大化；每个企业通过价格和质量优势实现自身利益的最大化；

④市场需求条件是不变的，并且在市场空间中完全且均匀覆盖；

⑤在博弈的过程中，一方企业的任何策略变动都易被另一方竞争企业获知，但类似于营销等无形的产品策略则不易被察觉，本文将竞争策略演变为营销竞争策略。

2. 模型变量及符号说明

（1）假定第 i 个企业的营销力度为 x_i，且假定产品的云营销力度 x_i（$i=1$，2）与市场对产品的需求影响成正比，即 x 越大，需求越大；

（2）产品单价为 p_i（$i=1$，2）；

（3）企业成本包括两部分：一部分为单位产品的生产成本 $c_i = v_i x_i (i=1, 2)$，这部分成本与产品云营销力度成正的线性关系，其中 c_i 为单位产品的固定成本，v_i 是正比例系数；另一部分是固定的产品营销投资成本 $k_i x_i^2$。则企业 i 的产品需求函数为：$Q_i = a_i - bp_i + dp_j + mx_i - nx_j$。

其中 $a_i = (i=1, 2)$，$b(b>0)$，d，m，$n(d, m, n \geq 0)$ 为常数，并且 $a = a_1 + a_2$，a 表示产品的需求，反映产品对顾客的内在吸引力；b 表示需求对产品价格的反应；d 表示消费者需求随竞争产品价格变化的反应；这里认为产品的消费者需求对自身产品价格的变化比对竞争产品价格的变化反应强烈，即 $b>d$；m，n 表示消费者需求对产品云营销力度的反应，同样的 $m>n$。

三、单寡头市场营销博弈模型的建立

1. 模型的建立

考虑到两个企业并不具有完全的市场信息,各企业的决策建立在对以往边际利润的局域估计基础上,对当期竞争对手的决策信息很难获知,因此,这里先假设只有第一家寡头企业考虑通过云营销模式加大企业营销力度,即企业 1 为了营销力度达到 x_i 而付出的云营销成本为 $k_1 x_1^2$,而企业 2 并没有这部分的支付。两企业的利润可表示为

$$\begin{cases} z_1 = (p_1 - c_1 - v_1 x_1)(a_1 - bp_1 + dp_2 + mx_1 - nx_2) - k_1 x_1^2 \\ z_2 = (p_2 - c_2)(a_2 - bp_2 + dp_1 + mx_2 - nx_1) \end{cases}$$

根据偏导的意义,容易得出两企业的均衡价格条件为

$$\begin{cases} \dfrac{\partial z_1}{\partial p_1} = a_1 - 2bp_1 + dp_2 + bc_1 + (m + bv_1)x_1 - nx_2 = 0 \\ \dfrac{\partial z_2}{\partial p_2} = a_2 - 2bp_2 + dp_1 + bc_2 + mx_2 - nx_1 = 0 \end{cases}$$

其中 $\dfrac{\partial^2 z_i}{\partial p_i^2} = -2b < 0$,即两企业的利润函数是关于价格的凹函数,求解上式可得

$$\begin{cases} p_1^* = \dfrac{1}{4b^2 - d^2}[2ba_1 + da_2 + dbc_2 + 2b^2 c_1 + (2b^2 v_1 + 2bm - nd)x_1 - (2bn - md)x_2] \\ p_2^* = \dfrac{1}{4b^2 - d^2}[2ba_2 + da_1 + dbc_1 + 2b^2 c_2 + (2b^2 v_1 + 2bm - nd)x_2 - (2bn - md)x_1] \end{cases}$$

令 $A = 4b^2 - d^2$,将上式所求得的均衡价格代入企业 i 的产品需求函数得到两企业的产品市场需求量为

$$\begin{cases} Q_1^* = \dfrac{b}{A}[2ba_1 + da_2 + (d^2 - 2b^2)c_1 + dbc_2 + (2bm + d^2 v_1 - nd - 2b^2 v_1)x_1 - (2bm - md)x_2] \\ Q_2^* = \dfrac{b}{A}[2ba_2 + da_1 + (d^2 - 2b^2)c_2 + dbc_1 + (2bn - md)x_2 - (2bn - dbv_1 - md)x_1] \end{cases}$$

以此得出价格均衡状态下的利润函数为

$$\begin{cases} z_1 = (p_1^* - c_1 - v_1 x_1)(a_1 - bp_1^* + dp_2^* + mx_1 - nx_2) - k_1 x_1^2 \\ z_2 = (p_2^* - c_2)(a_2 - bp_2^* + dp_1^* + mx_2 - nx_1) \end{cases}$$

由上式得出云营销均衡的一阶条件为

$$\begin{cases} \dfrac{\partial Q_1^*}{\partial x_1} = \dfrac{b}{A}[2bm + d^2 v_1 - nd - 2b^2 v_1] \\ \dfrac{\partial Q_1^*}{\partial x_2} = \dfrac{b}{A}[md - 2bm] \end{cases}$$

$$\begin{cases} \dfrac{\partial z_1}{\partial x_1} = \dfrac{\partial p_1^*}{\partial x_1} Q_1^* + (p_1^* - c_1 - v_1 x_1) \dfrac{\partial Q_1^*}{\partial x_1} - 2k_1 x_1 = 0 \\ \dfrac{\partial z_2}{\partial x_2} = \dfrac{\partial p_2^*}{\partial x_2} Q_2^* + (p_2^* - c_2) \dfrac{\partial Q_1^*}{\partial x_2} = 0 \end{cases}$$

上式可通过 Matlab 软件求解出云营销均衡解 x_i（$i=1, 2$）的表达式，即可得两企业的价格、市场需求量以及利润。鉴于计算过程较复杂，可以采用数值模拟的方法给出均衡价格、营销力度以及利润随着参数的变化而变动的情况。

2. 数值模拟分析

在计算利润时，产品的总成本对产品的市场竞争及利润构成起着关键性的作用，本节主要分析产品的云营销力度对企业的产品的价格、需求以及利润的影响情况。模型中有两个关键成本系数：单位产品的可变动成本系数 v_i 和云营销成本系数 k_i。这两个系数之间的大小关系反映了企业在进行云营销力度增强时的效率优势。

为了更好地说明云营销战略对产品价格及企业利润的影响，我们忽略其他参数的变化影响。两企业的初始条件一致，可取 $a_1=a_2=1000$，$b=15$，$d=12$，$m=4$，$n=2$，$c_1=c_2=10$，当 v_1，k_1 变化，研究云营销成本系数对企业均衡状态的影响。从分析的结果可知，消费者对实施云营销的产品有较好的评价，并且在一定范围内愿意支付更高的价格。但并不是说营销程度越大越好，超过消费者接受的程度，则会引起消费者反感，需求量会下降，企业利润反而会低于一般企业。因此在竞争的寡头市场中，企业应该搜集市场信心，做好战略规划，充分利用云营销的优势，为企业获得最大的利润。

四、双寡头市场营销博弈模型的建立

1. 模型的建立

考虑到两个企业可能都会通过云营销模式来加大产品的营销力度，所以在单寡头市场的基础上企业 2 也需要支付的云营销成本为 $k_2 x_2^2$，根据上文所述的原理，得出两企业的利润函数为

$$z_i = (p_i - c_i - v_i x_i)(a_i - bp_i + dp_j + mx_i - nx_j) - k_i x_i^2, \quad (i, j=1, 2, i \neq j)$$

不难得出两企业的均衡价格的一阶条件为

$$\dfrac{\partial z_i}{\partial p_i} = a_i - 2bp_i + dp_j + bc_i + (m+bv_i)x_i - nx_j = 0, \quad (i, j=1, 2, i \neq j)$$

并且 $\dfrac{\partial^2 z_i}{\partial p_i^2} = -2b < 0$。求解上式得到均衡价格函数为

$$\begin{cases} p_1^* = \dfrac{1}{4b^2 - d^2}[2ba_1 + da_2 + dbc_2 + 2b^2 c_1 + (2b^2 v_1 + 2bm - nd)x_1 - (2bn - md - bdv_2)x_2] \\ p_2^* = \dfrac{1}{4b^2 - d^2}[2ba_2 + da_1 + dbc_1 + 2b^2 c_2 + (2b^2 v_2 + 2bm - nd)x_2 - (2bn - md - bdv_1)x_1] \end{cases}$$

即

$$p_i^* = \frac{1}{A}[2ba_i + da_j + dbc_j + 2b^2c_i + (2b^2v_i + 2bm - nd)x_i - (2bn - md - bdv_j)x_j], (i, j = 1, 2, i \neq j)$$

令

$$A_i = 2ba_i + da_j + dbc_j + 2b^2c_i$$
$$B_i = 2b^2v_i + 2bm - nd$$
$$E_i = 2bn - md - bdv_j$$

则有

$$p_i^* = \frac{1}{A}[A_i + B_i x_1 - E_j x_2], (i, j = 1, 2, i \neq j)$$

同理，将上式代入1企业 i 的产品需求函数得到均衡状态下的市场需求量为

$$Q_i^* = \frac{b}{A}[A_i - c_i A + (B_i - c_i A)x_i - E_i x_j], (i, j = 1, 2, i \neq j)$$

$$\begin{cases} Q_1^* = \frac{b}{A}[2ba_1 + da_2 + (d^2 - 2b^2)c_1 + dbc_2 + (2bm + d^2v_1 - nd - 2b^2v_1)x_1 - (2bn - mdx_2)] \\ Q_2^* = \frac{b}{A}[2ba_2 + da_1 + (d^2 - 2b^2)c_2 + dbc_1 + (2bn - md)x_2 - (2bn - dbv_1 - md)x_1] \end{cases}$$

实际情况中 Q_1^* 在 $x_i = x_j = 0 (i, j = 1, 2, i \neq j)$ 的情况下必大于0，则有 $A_i - c_i A > 0$, $i = 1, 2$, 即 $(2b^2 - d^2)c_i - dbc_j < 2ba_i$, $(i, j = 1, 2, i \neq j)$。

根据产品需求定义，有 $E_j > 0$，即 $2bn - md > bdv_j$。同样地, $B_i - Av_i < E_j$ 也不符合实际情况，所以必有 $B_i - Av_i > E_j$，即 $(2b^2)v_i - dbv_j < (2b + d)(m + n)$, $(i, j = 1, 2, i \neq j)$，则有 $v_i < \frac{2bm - dn}{2b^2 - d^2}$，再将均衡价格代入两企业的利润函数得

$$z_i^* = (p_i^* - c_i - v_i x_i)(a_i - bp_i^* + dp_j^* + mx_i - nx_j) - k_i x_i^2, (i, j = 1, 2, i \neq j)$$

根据偏导的意义，容易得出两企业的均衡价格条件为

$$\begin{cases} \frac{\partial z_1}{\partial p_1} = \left(\frac{\partial p_1^*}{\partial x_1} - c_1\right)[a_1 - bp_1^* + dp_2^* + mx_1 - nx_2] - b\frac{\partial p_1^*}{\partial x_1} + d\frac{\partial p_2^*}{\partial x_1} + m - 2k_1 x_1 = 0 \\ \frac{\partial z_2}{\partial p_2} = \left(\frac{\partial p_2^*}{\partial x_2} - c_2\right)[a_2 - bp_2^* + dp_1^* + mx_2 - nx_1] - b\frac{\partial p_2^*}{\partial x_2} + d\frac{\partial p_1^*}{\partial x_2} + m - 2k_2 x_2 = 0 \end{cases}$$

上式也可通过 Matlab 软件求解出云营销均衡解 $x_i(i = 1, 2)$ 的表达式。由于过程较复杂，这里不做赘述。

2. 数值模拟分析

同单寡头市场的利润计算原理类似，我们忽略其他参数的变化影响。但本节的模型考虑的是双寡头市场中竞争的两个寡头企业都通过云营销来获取竞争优势的情形，企业2可以获取企业1的部分决策信息。因此需考虑两企业的顾客需求基数的差异及单位产品的固定成本的差异。取 $a_1 = 1000$, $a_2 = 800$, $b = 15$, $d = 12$, $m = 4$, $n = 2$, $c_1 = 10$, $c2 = 8$, 当 v_1,

k_1 变化，研究云营销成本系数对企业均衡状态的影响。

因为企业 2 可以获取企业 1 的信息，则企业 2 会参考企业 1 的决策决定营销成本相应的决策，所以两企业的营销成本结构可以看是相同的，即 $k_1=k_2$，$v_1=v_2$。可以先固定 $k_1=k_2=0.5$，使 $v_1=v_2$ 在 [0，0.5] 范围内变化。从分析的结果可知，在双寡头市场中，企业只有通过不断博弈而达到均衡状态，才能够在健康的经济环境下不断取得利润。不论是何方一旦企图通过减少云营销的投入来获取高额利润都是不现实的，很快会被市场所抛弃。

五、博弈分析结论

以上研究了寡头市场中竞争企业为获取最大利润而进行云营销力度过程中的决策变化情况。从博弈模型的分析中可以得出如下结论：

①在企业推出比竞争对手营销力度更强的云营销时，在一定的营销成本范围内可以获取高额利润并占有较高的市场份额，但随着营销成本的增加，产品价格也会大幅提高，销量也会随之下降，继而利润也会减少，因此对于未认清经济情况，一味希望通过扩大云营销的力度而取得巨额利润的企业来说，即使云营销的实施达到完美，也会通过成本过度而陷入亏本状态；

②持续的云营销过度会造成寡头市场的两败俱伤，一方面会因营销成本过高而导致亏本，另一方面也会因营销的过度投入的不可逆性而导致无法降低营销的投入，因为一旦开展云营销策略，消费者的消费习惯会随之产生一定改变，消费者会潜在依赖云营销，而一旦降低云营销力度，相关产品则会淡出消费者视野，继而减少知名度与曝光率，导致销量大幅减少。

由此可见，在云营销博弈中，云营销的实施显然比没有实施云营销的情况下企业所实现的利益要大得多，但是云营销成本始终是考验云营销能否可以持续发展的关键因素。企业企图通过开展云营销而达到利益最大化，必须考虑消费者的购买力及消费者对云营销的接受程度与评价，在云营销和成本之间做出最佳决策，从而实现利润最大化。

第四节 基于云计算的电子商务营销

一、云营销中的技术解决方案

云营销的基础是云计算，所以这里谈论的技术问题解决方案主要是从云计算的基础上提出的。所以云营销的技术解决方案中涉及的技术为虚拟化、分布式存储、并行编程、云平台管理、云资源管理以及数据管理等方面的技术。本文主要介绍虚拟化技术、分布式存储技术以及云资源管理技术三种技术。云营销的推行会涉及云计算的所有技术，但与云营销的运行模式相关的主要是分布式计算，即 Map-Reduce 技术基础，本章从云计算技术入手，介绍 Map-Reduce 运行原理，解读新的云营销模式运行机制，并列举相关案例解释云营销的应用。

1. 云计算的体系架构

云计算的服务模式是众多学者和企业的研究重点之一，当前的研究主要以基于使用者和服务方式的模式为主，简单的云计算体系架构可用图 7-5 表示：

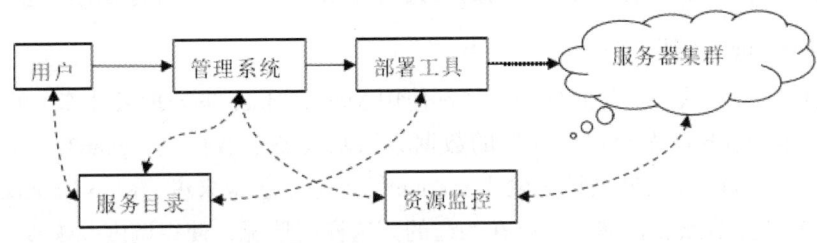

图 7-5　云计算的体系架构

除此之外，美国国家标准与技术研究院（NTSI）制定的云计算架构模型也得到了业界的公认与肯定。从美国国家标准与技术研究院的云计算体系可知云计算的主要参与方有载体、消费者、审计者、提供者和代理商等。这里的参与者都是在云的前提下来说的，消费者其实是云消费者，是任何通过提供者获得服务的个人或组织。提供者可以是任何形式的个人或组织，用于为消费者提供云服务。审计者是用来管理整个云系统的，并且要保证企业所提供的云环境是安全的，除此之外，审计者还涉及管理很多方面。代理商则是用来协调其他参与者的。载体提供接口供消费者与提供商相互联系，完成云服务的传递。

2. 云计算的关键技术

目前如谷歌公司，国际商业机器公司等大型电子商务企业均有自己的云计算平台，虽然各企业的技术实现途径相类似，但在技术实现上并不尽相同。具有代表性的是谷歌公司的云计算技术，即谷歌公司的三大法宝：GFS（Google File System）分布式文档系统、Map-Reduce 分布式计算以及 Bigtable 分布式数据库。

GFS 分布式文档系统是用来处理数据迅速增长问题的，它具备分布式文档系统的所有特点，如高存储效率、可伸缩性、可靠性以及可再用性等，且其处理的数据量都是 GB 等级的，甚至是 TB 等级的。一个 GFS 运作框架拥有一个主服务器（master）和多个块服务器（chunk server）。其运作原理可总结为三步走：第一步，主数据（data）切割成块数据称为代码块（block），通常为 64MB；第二步，主服务器将这些代码块分配给块服务器进行处理；第三步，块服务器将处理好的数据信息整理归类再返回到 GFS 的客户端。

Map-Reduce 是云计算的关键技术，其分成 2 个部分，map 和 reduce，以达到分别计算的目的，map 程序使大量机器同时处理大量数据，再将 map 程序分析的结果通过 reduce 程序进行合并，汇整出结果。几乎所有的谷歌公司的大型计算程序都要经过 map 和 reduce 的运算操作。

Bigtable 分布式数据库是专门用来处理 PB 等级的结构化数据，Bigtable 可以让所有的谷歌公司的产品得以顺利处理大量的网页、卫星照片以及不同大小的海量数据，其数据存储方式是 column-oriented 方式。Bigtable 的第一个字段是 row key，第二个字段是 column key，第三个字段是 timestamp。

除谷歌公司的云计算技术，海杜普公司（Hadoop）的云计算架构也是众多小型电子商务企业争相模仿的云计算实现途径。海杜普公司的开源云计算包括 HDFS（Hadoop distributed file system）分布式文档系统、Map-Reduce 分布式平行计算框以及 Hbase 分布式数据库。海杜普公司的这个关键技术与谷歌公司的三大法宝相对应，解决相类似的问题。

3. Map-reduce 原理

由上文可知，谷歌公司与海杜普公司都使用 Map-Reduce 来处理云计算中的大量数据。一个 Map-Reduce job 首先会把所获取的数据集切割成若干数据块，MapTask 再处理数据块。再将这一阶段的数据处理结果输入 reduce 任务中。通常来说，Map-Reduce 框架与分布式计算中的计算节点和存储节点是在一起的。这样的情况，使得调度 task 变得非常高效并精准。

— Map：$(in\_key, in\_value) \rightarrow \{(dey_i, value_j)|j=l...k\}$
— Reduce：$(key, [value_l, value_m]) \rightarrow (key, f\_value)$

Map-Reduce 框架由一个单独的 masterJobTracker 和 slaveTaskTracke 共同组成。应用程序一般会说明路径，然后提供合适的接口或需要调用的函数。进而结合参数形成作业配置（job configuration）。

一个完整的 Map-Reduce 作业的输入和输出情况通常可以用下面的表达式来表示：

$(input)<k_1, v_1> \rightarrow map \rightarrow <k_2, v_2> \rightarrow combine \rightarrow <k_2, v_2> \rightarrow reduce \rightarrow <k_3, v_3>(output)$

二、云营销模型原理

云营销在本质上与网络营销是有区别的，它是在云计算的基础上推行的营销技术。如下图 7-6 为简单的基于 Map-Reduce 和营销决策支持模型（MDSS）的云营销方案，可以看出其与传统网络营销只是在利用网络或终端进行产品推广上不一样的。

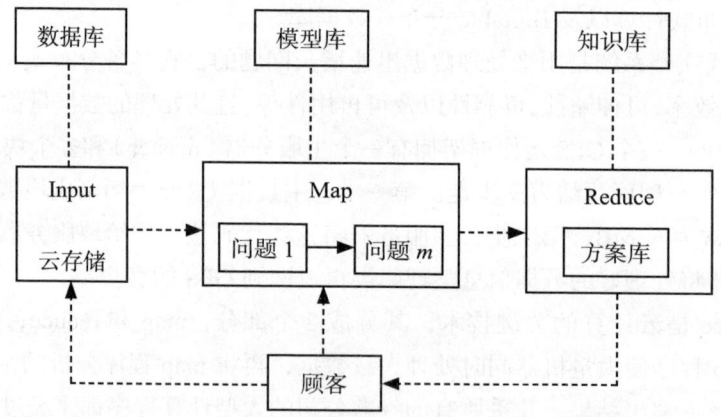

图 7-6 基于 Map-Reduce 和营销决策支持模型的云营销方案

根据科特勒的持续营销企业模型（SME），笔者认为可以设计出基于云营销的持续云营销模型（SCM），即在云计算技术的支持下完善营销模型，在持续营销企业模型中，云计算的应用不会引起大的变化，这里讨论的主要是营销模型部分，如下图 7-7 为科特勒在其书中的营销模型。其中"4C"表示变革（change）、竞争者（competitor）、顾客（customer）

和公司（company）；"E3"表示探索（exploration）、衔接（engagement）和实施（execution）；STV 为战略、策略和价值；PCS 表示员工、消费者和股东。

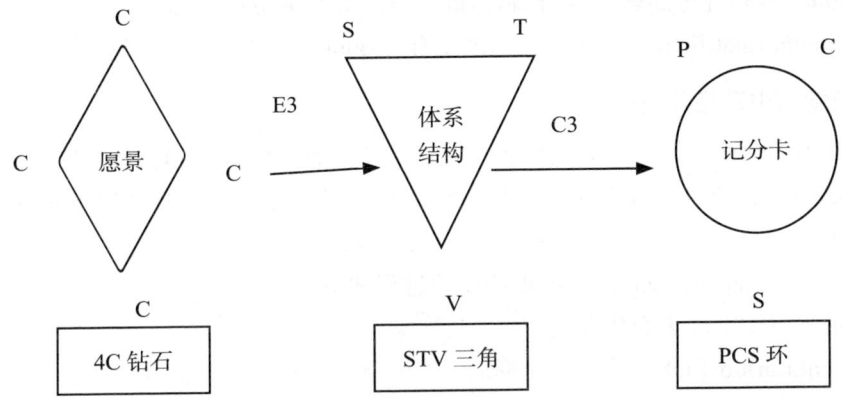

图 7-7　科特勒的持续营销企业模型

我们从上图中可以了解到科特勒的持续营销企业模型所涉及的内容及利益相关者，该模型从云计算的角度解决相关问题，利用分布式原理，利用云计算的大数据处理能力及分布式计算的优势，对变革、竞争等变化做出迅速的反应。

1. 云营销中的消费者信息分析机制

消费者信息的内容包括很多方面并且无时无刻不在变化，经济行为中通常研究的消费者信息指购买动态、淡旺季节、消费趋势、需求意见等。所有的消费者信息都会直接或间接地影响到企业的产品决策。企业在搜集分析消费者信息的时候，对信息的真实度要做合理的辨识，以此保证企业依据这些信息所作出的决策是客观并科学的。传统的获取消费者信息的方式主要从营销人员以及非营销人员控制入手。

在云营销中利用大数据处理信息的能力，可以在短时间内处理消费者的大量浏览商品及购物的信息。本文云营销机制中关于消费者信息的收集及处理通过 Map-Reduce 程序实现。

① JobTracker 负责在分布式环境中实现客户端创建任务并提交，即首次获取消费者信息，对信息进行预处理，并传达至下一步任务。

② InputFormat 负责 Map 前的预处理动作：验证输入的格式。并将 input 的文件切割成为逻辑意义上的输入 InputSplit，也就是将大文件分割成为若干符合分布式系统大小的代码块。由于 Inputsplit 在 Map-Reduce 框架中属于逻辑切分的第一步，具体切分还需要 RecordReader 来完成。经过这些过程，可以将大量消费者信息切割成小块，提交至 Map 程序，为 Map 的分类处理做好预热工作。

③ 将预处理结果传到 Map，Map 会根据定义好的逻辑处理（key、value）键值对，并传输到中间文件。经过 Map 分析，在程序内部已形成关于消费者人数比例、购买动态、淡旺季节、消费趋势、需求意见以及对某类产品的信赖程度等类别。

④ Combiner 并不是所有的操作都需要经过的程序，它主要是用来减少在 Reduce 中的数据传输量。

⑤和 Combiner 一样，Partitioner 也不是必不可少的动作，其主要是在有多个 Reduce 的情况下，指定 Map 的结果到指定的 Reduce 处理。

⑥Reduce 执行业务逻辑，并且将处理结果输出给 OutputFormat。

⑦OutputFormat 用来验证输出，如果没有发现问题，就会输出最终结果。

2. 云营销中产品营销的机制

在云营销中企业会针对不同消费者及时返回消费者不同的营销信息，这也是云营销的最大特色之一。总结消费者不同的消费偏好以及返回信息，可以根据 Map-Reduce 中的任务调度操作。

具体地说，Map-Reduce 任务请求调度的过程如下：

第一步：JobClient 提交作业

JobClient.runJob（job）会在后台形成一个实例，再提交作业。并返回一个 RunningJob 对象追踪作业状态。SubmitJobInternal（job）的方式一般会首先向企业分布系统文件系统有顺序的上传三个文件：job.jar、job.split 以及 job.xml。

第二步：JobTacker 调度作业

在完成第一步之后，JobTracker 中会产生一个 JobInProgress 对象，其是用来维护作业中的所有信息，并将所有 task 记录到任务列表中。然后只要有 TaskTracker 是空闲状态，AssignTask（TaskTracker）就会被用来请求任务，若调度队列不空，程序便通过调度算法取出一个 task 交给来请求的 TaskTracker 去执行。至此，整个任务分配过程才能算是初步结束。这种情况下，营销系统中自带的调度策略约定是先进先出（FIFO）的，但 FIFO 已逐渐不能满足众多的商业应用需求。有业界人士认为可以使用队列容量分配或者公平队列算法，但这些算法都不够实用，也不能满足营销中的要求。

3. 调度算法相关研究

本文设计的云营销中 Map-Reduce 调度是基于海杜普公司的 Map-Reduce 调度为基础的，现有的调度算法还有下面几种。

①先进先出算法（FIFO）：这一方法在前文已有介绍，其主要根据任务进入队列的先后顺序来进行选择。

②时间片轮转算法（RR）：将 cpu 看作若干时间片，就绪队列中的就绪进程各自运行一个时间片。

③最高优先级算法（HPF）：在这种算法中，对进行优先数的设置是静态、还是动态无要求。

④加权轮转调度算法（PBWRR）：其主要是将待运行的 job 放入一个队列中，在不加权的情况下，按顺序将任务的 Task 交给 TaskTracker 执行。在加权的情况下，权重较大的 job 可以在一次执行若干个 tasks。其步骤分三步：

a. TaskTracker 向 JobTracker 提交任务分配请求；

b. JobTracker 调度 job 中的一个 task 给 TaskTracker 执行，并更新 thisRoundTask 值减 1，直至其值小于 1 的时候，才会开始执行下一个 job 任务；

c. 当所有 job 的 thisRoundTask 值都小于 1 时，也就是说完成了所有的任务，这时就会更新整个队列，若有新的 job 加入，就会重新开始计算 job 的 thisRoundTask 值。

JobQueue 的调度中有 jobQueue 和 taskQueue[]。JobQueue 中的元素是 jobInfo，taskQueue 中的每一个元素都对应一个 job 的 Map 或 Reduce 的 task。

分配任务的算法如下：

synchronized List<Task>assign Tasks(TaskTrackerStatus tracker)
{
  a. 检查待处理的 map task 或 reduce task 任务，没有则返回 null。
  b. 根据对应的 JobId 找到对应的 taskQueue[i]。
  c. 分析是 mapt ask Queue 还是 Reducetask Queue。
  d. 更新 jobQueue 中对应的 jobInfo 信息。当 thisRoundTask 值小于 1 时，则调度任务完成。
  e. 有新的 job 加入时，重新计算整个过程。
  f. 返回所分配的 task。
}

e 中的权重计算及 thisRoundTask 计算方法主要是通过下面的过程计算的：

updateJobQueue(jobQueue Queue 1)
{
weight=calculateWeight(priority);
thisRoundTask=Min(floor(weight),taskNum);
}

权重计算的推导过程如下：整个系统一个调度周期处理的数据量为：

$$S = \sum_{i=1}^{n} meanTaskSize[i] \cdot weight[i]$$

其中，权重与优先级之间还应该满足下列要求：

$$\frac{Weight[i] \cdot meanTaskSize[i]}{S} = \frac{priority[i]}{\sum_{i=1}^{n} priority[i]}$$

于是有

$$Weight[i] = \frac{S \cdot priority[i]}{meanTaskSize[i] \cdot \sum_{k=1}^{n} priority[k]}$$

这里，由前文可知，只有整个系统在一个周期内能够处理的数据量 S 会引起值的变化。

$$S = \text{Max}(num \cdot blockSize \cdot jobNum, taskAbility \cdot blockSize)$$

Num 是单位周期内单个 job 执行的任务个数，取平均值，$jobNum$ 是待处理的 job，取 num 为 20，假定系统由 m 台计算机构成，则整个系统的单位处理能力可表示为：

$$P = \sum_{i=1}^{m} t[i] \cdot p_t[i] = \sum_{i=1}^{m} p[i]$$

$p[i]$ 代表其中一台计算机分配给营销系统的处理能力。利用 P 和 S 的值就能大致计算出系统运行一个周期所需的时间，但这只是估算，并不能作为精确数据来看待。

4. 云营销的渠道管理方案

传统的营销渠道：由产业链中涉及的所有参与者如制造商、批发商、零售商等组合在一起，这些参与者会进行分工，使产品最终到达购买者。

营销渠道结构有直接营销渠道以及间接营销渠道。在营销成本及其他因素的考虑下，企业可能选择间接营销渠道多于直接营销渠道。

电子商务渠道与传统渠道之间的区别必然使两者会发生冲突。所以在云营销的设计过程中尤其需要发挥整合的优势，发挥这两种渠道的优势，进行优势互补，在这个整合的过程中，需要考虑的因素主要是信息流、物流、资金流以及增值服务。

①信息流：信息流的发展是企业能够发展的重要决定因素之一，所以网络交易形式的发生，要求企业规范交易行为，并保证经济合同的有效性。电子商务中也应制定规范的交易准则来保证网络交易的健康进行。

②物流：在电子商务中物流是商流的后续者和服务者，并且是终结者。现阶段第三方物流已发展成为物流行业的主要组织形式之一。物流的专业化可以提高运作效率，应用信息技术对其改造是非常有必要的。

③分销系统再造：在电子商务中，分销商的重要性显得不像传统的营销渠道那样重要。但电子商务经济环境中制造商很可能跨越批发商使得分销商更需要建立快捷、方便的顾客沟通机制。

构建电子商务营销渠道应该做到下列几点：加强企业基础建设，建立渠道联盟，建立有竞争优势的营销渠道体系以及构建电子商务背景下的客户服务新渠道。

（1）企业基础建设

①电子商务企业首先要加强企业网络硬件基础设施建设，其次要实现商业的电子化和金融业务的电算化，从而使得电子货币得以真正意义上的实现。

②企业应尽最大的努力在正确的方向上改变企业的信息意识观念与消费者购物意识。

③建立安全的网络环境。任何经济体制都应该是在区域内进行的，因此其应该符合基本的当地环境以及法制法规的要求，应该是安全合法的健康的经济环境。

④人才计划需要跟上发展的步伐。电子商务与传统经济对人才的要求不同，它提出了更高的对人才的要求，即人才不仅要具备经济知识与管理知识，还应该有信息技术的支撑。企业应该在现阶段就注重培养符合电子商务发展的复合型人才。

（2）建立渠道联盟

电子商务环境要求各个渠道的参与者紧密合作，而且这些参与者之间的利益关系是统一的并不是传统的渠道商之间的竞争对立关系，在电子商务环境下，各参与者的目标应该是互利共赢。

①规范市场与企业。战略联盟将是越来越多的电子商务企业会选择的道路，以达到资源共享，最大限度地获取利润为目的，并为企业在竞争环境中安全稳定的发展提供条件。

②稳定供求关系。在网络商业环境中，市场是瞬息万变的，任何企业都没有安全感，这就需要企业以及行业建立稳定的供求关系来保证经济的稳定发展。

③创造进入壁垒。建立进入壁垒一方面是保护已有的企业，另一方面也是为后进入行业的企业提出要求，只有满足了这些要求的企业才有资格进入电子商务行业，而满足了这

些要求的企业必然具有其他企业所没有的竞争优势，这也为其在电子商务环境中稳定发展奠定了基础。

④建立长期合作协议。任何没有保证的语言或协议都会被随时推翻，这要求在电子商务营销的过程中，规范经营活动及合法化营销渠道联盟。在减少因突变而引起企业发展变动的前提下才可能使企业对市场产生信心，在合作的过程中也会更加具有诚信，整个经济环境才会有序健康地良性循环下去。

（3）营销渠道体系

和线下市场经济一样，网络经济环境中最重要的也是信息流、资金流和物流。只有像传统经济那样重视这三个流的发展，才能使得企业在网络经济环境中拥有可以称赞的竞争优势。对于如何确保这三个流的正常稳健运行，可以从以下两个方面入手：第一，建立完善的互联网分销渠道，与这些分销渠道达成协议，互利共赢；第二，与第三方物流合作，这不仅可以使中小型企业减少在人力物力上的投资，更能够使物流体系规范化，职业化，从而专业地为网络消费者服务。

三、云营销模型的设计

因云营销涉及的云计算属大数据范围，一般的学术论文很难将完整的云计算内容呈现出来。本文从 Map-Reduce 原理出发，运用简易模式模拟云营销过程。采用 Java 语言编写程序并通过网页模式实现返值处理。

云营销程序分4个部分：Dao、Demo、Domain、Util。这里的Dao作为一个数据库的作用，提供了云营销库中存储的所有信息，从企业的角度，即包含企业所拥有的产品及其他服务信息。Dao又包含三个部分，InsertCategoryDao.java 和 InsertProductDao.java 是为企业服务，企业可根据自身产品特性添加产品信息到数据库。QueryDataDao可以看作查询功能，可以在系统接收到任何消费者信息的时候，迅速找到与之相匹配的信息，并输出相应信息。Demo起调用程序的作用，用来连接外部数据与数据库，一旦某个消费者有任何的消费痕迹，Demo程序就会调用Dao的相关数据在非常短的时间内给出针对此消费者的营销计划。Demo包含四个子程序，AddCategoryData.java，AddProductData.java，SearchReadData.java以及toAddProductData.java，它们是分别用来调用Dao系统中的相应程序而设立的。Demo是云营销系统中较为关键的一个部分，缺之不可。Domain是实体类程序，指数据库中表的各个字段，分为Category.jave 和 Product.java 两个部分，分别表示产品和类别的内容。Util是工具类程序，用来连接数据库，其中DataSourceUtil.java用来连接数据库存储的企业信息数据，QueryRunner.java用来连接消费者信息。

参考文献

[1] 王悦. 电子商务概论 [M]. 成都：西南财经大学出版社，2012.

[2] 仝新顺，王初建，于博. 电子商务概论 [M]. 北京：清华大学出版社，2010.

[3] 菲利普·科特勒，凯文·莱恩·凯勒. 营销管理 [M]. 13版. 王永贵，于洪彦，何佳讯，等译. 上海：格致出版社，2009.

[4] 张海鹰. 网络传播概论新编 [M]. 上海：复旦大学出版社，2008.

[5] 高晶，钟若南，武虹. 旅游移动电子商务个性化服务设计 [J]. 商业研究，2017，59（2）.

[6] 朱镇，李霞. 传统企业电子商务战略启动：阶段特征与决策行为差异 [J]. 管理科学，2016，29（6）.

[7] 黄曦. 电子商务网站盈利模式探讨 [J]. 财会通讯，2014（20）.

[8] 卢宏亮，李桂华. 基于B2B2C视角的B2B品牌资产影响因素研究 [J]. 当代财经，2014（6）.

[9] 王伟玲，肖拥军. 传统行业引入电子商务模式的战略思考 [J]. 经济纵横，2014（3）.

[10] 郑淑蓉，吕庆华. 中国电子商务20年演进 [J]. 商业经济与管理，2013（11）.

[11] 陆婷. 新形势下电子商务与企业营销战略关系研究 [J]. 中国商贸，2012（16）.

[12] 李晋奇. 中国电子商务将迎来加速发展的重要战略机遇期 [J]. 对外经贸实务，2014（12）.

[13] 聂林海. 我国电子商务发展的特点和趋势 [J]. 中国流通经济，2014（6）.

[14] 聂林海. 我国电子商务发展趋势及工作举措 [J]. 天津商务职业学院学报，2014，2（3）.

[15] 李东振，窦万峰. 基于O2O电子商务的组织模式研究 [J]. 电子世界，2013（4）.

[16] 代文锋. 论网络营销与传统营销 [J]. 电子商务，2010（7）.

[17] 胡凌琳. 金融危机中的电子商务的发展机遇 [J]. 湖南环境生物职业技术学院学报，2010（1）.

[18] 陈怀博. 电子商务环境下企业营销管理研究 [J]. 现代商业，2013（3）.

[19] 吴星. 中小企业营销策略探析 [J]. 漳州职业技术学院学报，2012（4）.

[20] 程绍珊，张博. 营销模式：创新无止境 [J]. 销售与市场（管理版），2012（4）.

［21］阎素玉．基于电子商务的企业网络营销策略［J］．太原城市职业技术学院学报，2012（3）．

［22］柯清衍．中小企业电子商务网站及运营模式的创新［J］．经济论坛，2012（1）．

［23］王颖慧．电子商务在企业营销中的应用［J］．中国石油大学胜利学院学报，2011，25（4）．

［24］王慧．网络营销模式对消费的影响［J］．中国商论，2010（29）．

［25］张小翠．电子商务环境下制造商双渠道策略研究［D］．上海：东华大学，2012．

［26］张冠治．电子商务环境下制造商的销售渠道选择研究［D］．广州：暨南大学，2011．

［27］余号．中国出口B2C跨境电子商务的应用研究［D］．兰州：兰州财经大学，2015．

［28］易芳．电子商务产业发展模式研究［D］．北京：北京交通大学，2011．

［29］蔡青．中国B2C电子商务企业发展策略研究［D］．武汉：华中师范大学，2011．

［30］任毅．垂直类B2C企业营销战略与策略研究［D］．成都：西南财经大学，2011．

［31］朱永生．电子商务背景下企业营销模式研究［D］．开封：河南大学，2015．

［32］张松美．电子商务对我国服务业发展影响的实证研究［D］．沈阳：辽宁大学，2017．

［33］杨楠．互联网时代A公司电子商务营销策略研究［D］．大连：大连海事大学，2017．

［34］蔡瑶瑶．电子商务应用提高企业绩效的机理研究［D］．合肥：合肥工业大学，2017．

［35］张爱甜．价值流拓扑分析与营销模式研究［D］．上海：东华大学，2012．

［36］桂学文．电子商务促进经济发展的效果测度研究［D］．武汉：华中师范大学，2011．

［37］王珏辉．电子商务模式研究［D］．长春：吉林大学，2007．

［38］查金祥．B2C电子商务顾客价值与顾客忠诚度的关系研究［D］．杭州：浙江大学，2006．